AF366050

INVENTAIRE DES ARCHIVES

DES

CHATEAUX BRETONS

IV

ARCHIVES

DU

CHATEAU DE LA MAILLARDIÈRE

EN VERTOU

1315-1718

Publiées par

LE MARQUIS DE L'ESTOURBEILLON

Associé correspondant de la Société nationale des Antiquaires de France.
Inspecteur de la Société française d'Archéologie.
Officier d'Académie.

VANNES

LIBRAIRIE LAFOLYE

—

1895

ARCHIVES

DU CHATEAU DE LA MAILLARDIÈRE

CHATEAUX BRETONS

IV

ARCHIVES

DU

CHATEAU DE LA MAILLARDIÈRE

EN VERTOU

1315-1718

Publiées par

LE MARQUIS DE L'ESTOURBEILLON

Associé correspondant de la Société nationale des Antiquaires de France,
Inspecteur de la Société française d'Archéologie.
Officier d'Académie.

VANNES

LIBRAIRIE LAFOLYE

—

1895

ARCHIVES

DU

CHATEAU DE LA MAILLARDIÈRE

EN VERTOU

Les archives du château de la *Maillardière* en Vertou, au diocèse de Nantes, que nous présentons aujourd'hui au public, sont destinées à former le *tome IV de la Collection des inventaires des archives des châteaux bretons*, dont nous avons entrepris, il y a deux ans, la publication. Composé de près de sept cents pièces, le chartrier de la Maillardière est de ceux qui avaient leur place toute marquée dans cette collection et l'intérêt très grand que présente bon nombre d'entre elles pour notre histoire locale, et en particulier pour le pays de Rezé et Vertou, nous a engagé à profiter sans retard de l'extrême obligeance de la propriétaire de ce manoir, mademoiselle Geneviève de Tilly, qui a bien voulu les mettre à notre disposition. Qu'elle veuille bien en recevoir ici l'expression de notre sincère gratitude.

La terre de la Maillardière qui dut son nom à l'une des plus anciennes et des plus illustres familles du comté nantais, malheureusement trop peu connue de nos jours, bien qu'encore noblement représentée par différentes branches, telles que les *Maillard de la Gournerie, Maillard des Forges, Maillard de la Morandais*, paraît avoir eu dès l'origine les *Maillard* pour premiers maîtres et peut-être pour créateurs, et étendait sa juridiction sur un grand nombre de terres et de fiefs, tels que : la *Rouxelière*, la *Barbinière, Lesbaupin*, la *Blanchardière*, la *Bitière*, la *Basse-Lande*, le *Chesne*, la *Bourelière, Bonacquest*, la *Furetière*, le *Hardaz*, la *Guesdonnière*, la *Merlatière*, la *Septrée*, la *Fillaudière*, le *Mortier-Benoist en Vertou* ; La *Chaussée*, les *Chapelles*, l'*Aufraire*, le *Chastellier*, le *Cartron*, la *Gabardière*, la *Noë*, l'*Oriondière, Malnoë, Lesgaudière*, la *Robinière*, la *Verrie, Pellouaille*, en Rezé, dont nous analyserons successivement les titres.

Voici quels furent ses possesseurs successifs, ainsi que ceux des principales terres qui en dépendaient, tel qu'il nous a été donné d'en reconstituer les séries d'après les documents qui nous ont été confiés.

LA MAILLARDIÈRE, EN VERTOU

Haute, moyenne et basse justice.

1394-1402. Briant MAILLARD, chevalier, époux de Jeanne DE BOURIGAN.

1403. Dame Jeanne DE BOURIGAN, veuve de messire Briant MAILLARD, chevalier.

1425-1432. Messire Briant MAILLARD, chevalier, fils des précédents.

1445-1471. Messire François MAILLARD, écuyer, époux de Jeanne LABBÉ, qui, veuve, y résidait encore en 1491.

1480. Dame Vincente MAILLARD, fille des précédents, et épouse de messire Prigent PROVOST.

1493. Dame Vincente MAILLARD, alors épouse en secondes noces de messire Guyon DE CHASNÉ.

1515-1523. Messire Pierre FERRON. écuyer, sgr du SOUCHÉ, et fils d'écuyer Guillaume Ferron.

1523-1526. Messire François GOHEAU, écuyer.

1530-1533. Demoiselle Louise GOHEAU, fille du précédent, épouse d'écuyer Jacques DE MONTBERON, sgr de Miré et d'Avoir.

1533-1565. Ecuyer François GABARD, docteur en droit, et époux : 1° de Jehanne GIROUST, 2° de de Louise BRECEL.

1565-1606. Ecuyer François GABARD, conseiller au Parlement de Bretagne.

1606-1639. Messire François GABARD, écuyer, conseiller au Parlement de Bretagne, époux de demoiselle Suzanne BERLAND.

1640-1651. Dame Suzanne BERLAND, veuve du précédent.

1651-1675. Messire Philippe GABARD, écuyer, leur fils, époux de demoiselle Marie COUPERIE, dame DU PORTEREAU.

1675-1678. Dame Marie COUPERIE, veuve du précédent.

1678-1710. Dame Marie GABARD, fille de Philippe, et épouse de messire Charles DE MONTI, écuyer.

1720. Messire Charles DE MONTI, écuyer, fils des précédents.

1720-1754. Messire René D'ARQUISTADE, né à Nantes en 1680, l'un des quatre lieutenants de la grande vénerie de France, maire de Nantes en 1735 et 1740, colonel de la Milice bourgeoise, anobli en 1743, mort le 14 janvier 1754, par acquisition.

1766-1782. Messire Michel LE BOTEUC, écuyer, sgr DE COËTSAL, époux en 1746 de Prudence Thérèse DE SANTO-DOMINGO.

1782. Demoiselle Prudence LE BOTEUC DE COËTSAL, fille des précédents, épouse de messire Louis-Constantin JOUSSEAUME. seigneur comte de la BRETESCHE.

XIXᵉ siècle. La famille JOUSSEAUME DE LA BRETESCHE.

1895. Mademoiselle Geneviève DE TILLY.

————

Seigneuries secondaires relevant de la Maillardière.

LA ROUXELIÈRE, EN VERTOU

Haute, moyenne et basse justice.

1315.   Messire Lucas DE SAINT-AIGNAN, chevalier.

1396.   Messire Jehan DE SAINT-AIGNAN, chevalier.

1400.   Messire Balthazar DE BELOCZAC, écuyer.

1405.   Messire Jehan DE REIX, écuyer.

1424.   Messire Georges DE LESPINAY, écuyer.

1434-1450.   Messire Jehan DE SAINT-AIGNAN, chevalier.

1450-1475.   Messire Jehan DU COIN, écuyer.

1461.   Messire Jehan DE PEILLAC, sgr des Montils-Ferruceau, acquéreur en partie.

1475.   Messire Jehan DE PEILLAC, écuyer, sgr des Montils-Ferruceau, acquéreur du manoir et de la juridiction d'avec Jehan du Coin, écuyer.

1490-1521.   Messire Gilles DE PEILLAC, écuyer.

1522-1541.   Messire Gilles DE PEILLAC, écuyer, décédé en 1441, et fils du précédent.

1542-1547.   Messire Pierre de PEILLAC, écuyer, époux d'Anne BRECEL, mort en 1541.

1547-1549.   Messire René de PEILLAC, écuyer, fils des précédents, et sous la tutelle de sa mère Anne BRECEL.

1551-1558. Messire Jean DE LA LANDE, dit : de MACHE-
COUL, époux de demoiselle Marguerite
BAUD.

1562. Messire Gabriel des RIDELLIÈRES, écuyer,
sous la tutelle de son père, messire
Christophe DES RIDELLIÈRES, chevalier,
seigneur DE MONTBERT.

1576-1580. Messire Gilles de la LANDE, dit : de MACHE-
COUL, écuyer, époux de demoiselle Jeanne
DE HENLEIX.

1585. Messire Pierre de TOUVOIS, écuyer, seigneur DES MONTILS-FERRUCEAU.

1592. Noble homme Nicodème MONNIER seigneur
DE BONACQUET, acquéreur.

1617. Noble homme René MONNIER, fils du précédent.

24 avril 1620. Maître Jacques LE BRETON, époux de Jeanne
MONNIER, acquéreur par échange, mort
en 1627.

1628-1651. Dame Jeanne MONNIER, veuve de M. Jacques
LE BRETON.

1639. N. H. Simon MENANT, sgr DE LESBAUPIN,
acquéreur en partie des terres.

1659. Messire René DE LA BAUDINIÈRE, sgr DE
SENECÉ, époux de demoiselle Claude DE
LAUNAY, et lieutenant de l'artillerie du
château de Nantes.

13 fév. 1662. N. H. René Roger, sgr DE LA Beauce, acquéreur pour 18.000 livres.

1663-1675. Messire Philippe Gabart, écuyer, sgr DE LA Maillardière, époux de demoiselle Marie Couperie, dame DU Portereau.

1675-1678. Dame Marie Couperie, veuve du précédent.

1678-1710. Dame Marie Gabard, fille de Philippe et de messire Charles DE Monti, écuyer.

1720. Messire Charles DE Monti, écuyer, fils des précédents.

1720-1754. Messire René D'Arquistade, par acquisition.

1755-1782. Messire Michel Le Boteuc, écuyer, sgr DE Coëtsal, époux de demoiselle Prudence-Thérèse DE Santo-Domingo.

1782. Demoiselle Prudence Le Boteuc DE Coëtsal, fille de Michel, et épouse de messire Louis-Constantin Jousseaume, chevalier, sgr comte DE LA Bretesche.

1857. N. Aubron.

LESBAUPIN EN VERTOU

Haute, moyenne et basse justice.

1488. Messire Pierre Leet, écuyer, sgr de la Desnerie.

1510-1528. Messire Christophe Leet, d'abord sous la tutelle d'écuyer François DE LA Tousche, sgr de Montbert et Casson.

13 juin 1528. Messire Mathurin Baud, sgr de Montigné, acquéreur par échange d'avec Christophe Leet.

1531. Messire Nicolas de la Roche. époux de demoiselle Marguerite Baud, fille de Mathurin Baud.

1537. Demoiselle Marguerite Baud, veuve de Nicolas de la Roche.

1544. Messire Jean de Henleix, époux de demoiselle Marguerite Baud, remariée en secondes noces.

1555. Messire Jean de la Lande, dit : de Machecoul, époux de demoiselle Marguerite Baud, remariée en troisièmes noces.

1571-1580. Messire Gilles de la Lande, dit : de Machecoul, fils du précédent. époux de demoiselle Jeanne de Henleix.

1634. Dame Charlotte de Montauban, dame de Rochefort-sur-Sèvre.

1640. N. h. Simon Menant.

7 déc. 1641 Dame Jeanne Monnier, dame de la Rouxelière. par retrait féodal sur N. h. Simon Menant.

12 fév. 1642. N. h. Pierre Drouët et demoiselle Ysabelle Le Breton, sa compagne, par afféagement de Jeanne Monnier, dame de la Rouxelière.

19 avril 1652. M° Louis BERARD, avocat, adjudicataire moyennant la somme de 17650 livres.

1656-1657. Demoiselle Françoise MENANT, épouse de Jacques FRESNEAU, qui vendent la terre et seigneurie de Lesbaupin à écuyer François GABARD, sgr de la Rouxelière, pour la somme de 11.000 livres.

1657-1665. Messire François GABARD, écuyer, sgr de la Rousselière et la Maillardière.

1665. Dame Magdeleine BOYSNARD, veuve de messire Louis BÉRARD, écuyer.

1774. N. h. Guillaume-Pierre FRESNEAU, trésorier de France en Bretagne au pays de Redon.

1857. N. de BRÉA.

LA BARBINIÈRE EN VERTOU

Moyenne et basse justice.

Relevant prochement de LESBAUPIN.

1492. Messire Pierre LEET, écuyer, sgr DE LA DESNERIE.

1499. Dame Anne DE LA TOUSCHE, veuve d'écuyer Pierre LEET, sgr DE LA DESNERIE.

1525-1532. Messire Nicolas DE LA ROCHE, écuyer, sgr DE LESBAUPIN.

11 avril 1532. Noble homme Olivier GUYOREL, sieur DE
LA GARNAUDIÈRE, acquéreur.

1556. Messire Jehan DE LA LANDE, dit : DE MACHE-
COUL, époux de Marguerite BAUD.

1641. Noble homme Simon MENANT, sgr DE
LESBAUPIN et la BARBINIÈRE.

1658. Messire Philippe GABARD, écuyer, sgr DE
LA MAILLARDIÈRE, époux de demoiselle
Marie COUPERIE, dame du PORTEREAU.

1658-1782. Les mêmes seigneurs que la ROUSSELIÈRE.

LA CHAUSSÉE DE FROMENTEAU, EN REZÉ

Haute, moyenne et basse justice.

1455. Messire Guillaume LE ROUX, sgr DE LA
CHAUSSÉE et FROMENTEAU.

1520-1533. Messire René DE LA BOUSCHERIE, écuyer.

1533. Messire René DE LA BOUSCHERIE, écuyer,
fils du précédent.

1549. Dame Claude DE LA BOUSCHERIE, épouse
d'écuyer Mathurin DE LA ROCHE.

13 juil. 1660. Messire Jehan DU PONCEAU, écuyer, sgr
du BLOTEREAU, prévost de Nantes et époux
de demoiselle Jeanne DE LA VILLÉON,
acquéreur d'avec Mathurin DE LA ROCHE.

1646. Écuyer Pierre BROSSARD, sgr DE LA TRO-
CARDIÈRE et FROMENTEAU, fils de Jean et
de demoiselle Jeanne HARDY.

1666-1688. Écuyer Philippe BROSSARD, sgr DE LA TRO-
CARDIÈRE, fils des précédents.

1689-1708. Noble homme Philippe BRUNEAU, sgr DE
LA CHAUSSÉE.

1745-1718. Messire Joseph DE CHARETTE, chevalier,
sgr du Thiercent.

1718. La communauté de SAINT-CLÉMENT DE
NANTES, acquéreur le 25 décembre de
ladite année pour 16447 livres.

Possédée, comme on le voit, par toute une série des
meilleures familles nobles du comté nantais, la Maillar-
dinière et ses dépendances, devait renfermer dans ses
archives nombre d'intéressants documents et en analy-
sant ses titres, nous n'avons point été déçus. Les nombreuses pièces que nous avons vues embrassent une
période d'un peu plus de 400 ans (1315-1718). Le
lecteur y retrouvera outre une certaine quantité d'aveux
et d'afféagements, de curieux Arrêts du Parlement de
Bretagne, de la Chambre des Comptes ou du Présidial
de Nantes, et des lettres patentes des rois François Ier et
Henri III. Ce chartrier contient en substance toute l'histoire domaniale d'une grande partie des communes
actuelles de Rezé, Vertou et les Sorinières et de nombreux
documents sur plusieurs de nos familles bretonnes,
telles que les de *Rezay*, *Maillard*, du *Pé*, de la *Bouscherie*, de *Ramaceul*, *Prezeau*, de *Monti*, *Gabard*, de *Saint-
Aignan*, de *Peillac*, *Goheau*, de la *Lande de Machecoul*, de
Montauban, de *Ferron du Souché*, de *Henleix*, etc., etc.

Nous avons pensé dès lors que ces documents inédits pouvaient intéresser à bon droit les travailleurs des provinces de l'Ouest, auxquels nous sommes heureux de les présenter aujourd'hui.

Mis DE L'ESTOURBEILLON,

Inspecteur de la Société française d'Archéologie,

Officier d'Académie.

TITRES

DE LA

PAROISSE DE VERTOU

— I —

1315. — Aveu rendu à Mgr Jean de Saint-Aignan, sgr de la Rouxelière[1], par Macé Dutay pour divers héritages sis audit fief de la *Rouxelière* et tenus de lui à devoir de rachat.

— 2 —

1396. — Deux aveux, rendus à Mgr Jean de Saint-Aignan, sgr de la Rouxelière, par Maurice Samson et par Agnès, deguerpie Macé, pour quelques rentes et héritages tenus au fief de la *Rouxelière* à devoir de rachat.

— 3 —

1400. — Aveu rendu à Mgr Jean de Saint-Aignan par écuyer Balthazar de Béloczac[2], pour quelques rentes luy dues et tenues à devoir de rachat.

— 4 —

1401. — Aveu rendu à Mgr Jean de Saint-Aignan, sgr de la Rouxelière, par Guillaume Dutay pour quelques héritages sis au fief de la *Rouxelière*, et tenus à devoir de rachat.

[1] JEAN DE SAINT-AIGNAN. — La très ancienne famille de Saint-Aignan eut pour berceau la paroisse de ce nom au diocèse de Nantes, sur les bords du lac de Grandlieu, et portait pour armes : *De gueules à la bande d'argent accompagnée de 3 trèfles de même.*

BALTHAZAR DE BELOCZAC. — La famille de *Beloczac* ou *Blossac*, l'une des plus anciennes de Bretagne a pour berceau le manoir de ce nom en la paroisse de Goven dans l'ancien évêché de Saint-Malo et portait pour armes d'après un sceau de 1388 : *De vair à la fasce de gueules.* — Messire Balthazar de Beloczac fut un des chevaliers qui ratifièrent le traité de Guérande en 1381 avec son parent Regnier de Beloczac.

— 5 —

1405. — Aveu rendu à Mgr Jean de Saint-Aignan par Jean de Reix pour une maison et ses appartenances sis au fief de la *Rousselière* et tenues à devoir de rachat.

— 6 —

1405. — Aveu rendu à Mgr de Saint-Aignan, sgr de la Rouxelière, par Jean Mochon pour quelques héritages, situés proche l'estier de la *Rouxelière* et tenus à devoir de rachat.

— 7 —

1406. — Aveu rendu à Mgr Jean de Saint-Aignan par Guillemette, femme d'Hillarion Poignand, pour une maison et ses appartenances sises près de la *Rouxelière* et tenues à devoir de rachat.

— 8 —

4 février 1421. — Aveu rendu à Mgr Jean de Saint-Aignan, sgr des Montils-Ferruceau, par Martin et Etienne Adam pour quelques héritages sis au fief de la *Rouxelière* et tenus à devoir de rachat.

— 9 —

20 mai 1422. — Aveu rendu à Jean de Saint-Aignan, sgr des Montils-Ferruceau par Jean Périgaud, pour une maison et ses appartenances sis au fief de la *Rouxelière* et tenue à devoir de rachat.

— 10 —

2 octobre 1422. — Aveu rendu par messire Briand Maillard, chevalier, sgr de la Maillardière[1], à Mgr Jean de Saint-Aignan, pour la gagnerie de la *Gouronnière* (Gournière) et ses appartenances et quelques rentes, tenues de luy à devoir de rachat.

[1] BRIAND MAILLARD. — Très ancienne et illustre maison, originaire du pays de Nantes, où, dès le XIIe siècle, elle tenait l'un des premiers rangs parmi les familles nobles du comté nantais. — Ce fut à l'un de ses membres que Nantes dut ses premiers quais bordant la Loire, et la cité reconnaissante a conservé son nom à l'un d'entre eux. Armes : *De gueules à trois maillets d'or*. — Cette maison a formé plusieurs branches qui existent encore de nos jours.

— 11-14 —

25 février et 4 novembre 1424. — Quatre aveux rendus à Jean de Saint-Aignan par Jean Héraud, Tiphaine, déguerpie de Macé Cassard, Jean Porcher et Jean Dutay, pour divers héritages situés entre *Lesbaupin* et la *Gournière*, entre la *Chaussée* et la maison d'*Olivier de Lespau*, entre l'*estier de la Rouxelière* et la rivière de Sèvres, le tout au fief de la *Rouxelière* et tenu à devoir de rachat.

— 15 —

23 novembre 1424. — Aveu rendu à Jean de Saint-Aignan, sgr des Montils-Ferruceau, par Georges de Lespinays pour quelques héritages sis à la Bourelière et tenus à devoir de rachat.

— 16 —

17 juin 1425. — Aveu rendu à messire Briand Maillard, chevalier, sgr de la Maillardière, par Jean Agaisse et consorts, pour un hébergement sis au village de l'Ertaudière, tenu à devoir d'obéissance.

— 17 —

20 juin 1425. — Aveu rendu à Jean de Saint-Aignan, sgr de la Rouxelière, par Pierre Legras et Pentecoste, sa femme, pour divers héritages, sis entre la maison de Martin Hersand et l'estier de la *Rouxelière*, et tenus à devoir de rachat.

— 18-29 —

24 avril 1434-18 septembre 1450. — Douze aveux rendus à Jean de Saint-Aignan, sgr de la Rouxelière, les 24 avril 1434, 5 juillet 1435, 18 juin 1436, 2 juillet 1440, 21 mars et 6 mai 1445 (3), 3 janvier, 31 octobre et 14 décembre 1446, 21 août 1448, 18 septembre 1450, par Jean Rouxeau, Jean Morin, Jean Prudhomme, Jean Ertaud, André Dutay, Mador et Etienne Ertaud, Perot Perigaud, pour divers héritages sis au fief de la *Rouxelière*, les tous tenus à devoir de rachat.

— 3o —

18 juin 1445. — Afféagement de la métairie et dépendances de la *Blanchardière* consentie par écuyer François Maillard, écuyer, sgr de la Maillardière, à Etienne et Laurent Coiffé à la charge de payer 10 livres et 6 chapons de rente avec une charette de bians à quatre bœufs et 2 hommes pour les gouverner, plus 5 boisseaux de froment de rente au sgr de Palletz.

— 3ı —

22 mars 1445. — Aveu rendu à Jean de Saint-Aignan, sgr de la Rouxelière, par Guillaume Herbault, Guillaume Moriceau et consort, pour quelques héritages sis près de l'estier de la Rouxelière et tenus à devoir de rachat ; et d'autres héritages sis près de l'estier de la *Rouxelière* et tenus à devoir de rachat ; et d'autres héritages tenus à devoir de 7 boisseaux 1/2 de seigle.

— 32 —

16 octobre 1452. — Aveu rendu à écuyer François Maillard, sgr de la Maillardière, par Laurens Philippe, pour quelques héritages sis au village de la *Furetière*, sujets à 7 hommes de bian, le 1/3 de 10 deniers de rente et tous les deux ans un chapon, et en raison du fief de *Laudrière*, 2 hommes de bian par an, un chapon 16 livres et 10 sols 8 deniers, plus pour d'autres héritages sis aux *Clos-Doussin* et du *Portereau*, tenus à devoir d'obéissance.

— 33 —

9 août 1457. — Aveu rendu à écuyer François Maillard, sgr de la Maillardière, par André Delesbaupin pour l'herbergement et tenue du *Redraz*, proche les terres de la *Pommeraye*, tenu à devoir d'obéissance.

— 34 —

7 novembre 1457. — Aveu rendu à écuyer François Maillard par Samson Blanchard et consorts pour 3 maisons et un 1/2 journal de pré sis à la *Ferronière*, tenu à devoir d'obéissance.

- 35 —

16 novembre 1457. — Aveu rendu à messire François Maillard, écuyer et sgr de la Maillardière, par Perrin Beluté et Macée Artaud, sa femme et consorts, pour quelques maisons et héritages sis au *Champ du Chesne*, sujets à devoir du tiers et du quart de la levée des vendanges, plus une pièce de bœuf, un fromage, et une choine (?) par chaque nouveau marié.

— 36—

21 mai 1459. — Aveu rendu à écuyer François Maillard, seigneur de la Maillardière, par Maurice le Teneurs et Guillaume Taillé pour un herbergement et dépendances, nommée la *Billière*, tenu à devoir de 5 sols 6 deniers de rente annuelle, 1 boisseau d'avoine, 1 homme de bian par semaine et 3 chapons.

— 37 —

23 septembre 1460. — Aveu rendu à écuyer François Maillard, sgr de la Maillardière, par Perrot Cousteau et Perrot Mosnier, pour la moitié d'un herbergement nommé la *Fillaudière*, tenu à 25 hommes de bian par an, 2 sols monnoie, et un boisseau 1/2 d'avoine, plus, pour 2 septrées de terre en la gaignerie de *Lorsent*, sujette à 20 boisseaux d'avoine de rente, enfin pour un quartier de vigne près le *Portereau* tenu à 20 sols monnoie et un chapon de rente annuelle.

— 38 —

13 août 1461. — Contrat de vente, consentie par Jean et Guillaume Ertaud pour la somme de 4 livres monnaie à écuyer Jean de Peillac, sgr des Montils-Ferruceau[1], de 5 sols 10 deniers de rente, à eux dus sur 3 hommées de vigne au clos de la *Bourelière*.

---

[1] JEAN DE PEILLAC. Très ancienne famille, originaire de la paroisse de son nom au diocèse de Vannes. La branche *Nantaise* ou des *Montils-Ferruceau*, portait pour armes : *D'argent à 3 tourteaux de gueules*.

— 39 —

1er décembre 1470. — Contrat d'échange par lequel messire François Maillard, écuyer, sgr de la Maillardière, cède à Pierre Landais[1] une métairie des appartenances de *Briort*, sise en la paroisse du Port-Saint-Père et ses dépendances avec plusieurs rentes lui dues et reçoit en échange la métairie de la *Gournière* et ses dépendances, plus 6 livres de rentes dues sur le tenement de la *Guesdonnière*.

— 40 —

3 septembre 1474. — Aveu rendu à écuyer François Maillard, sgr de la Maillardière, par Jean Coquet, pour 15 quartiers de vigne sis au *Clos du Rocher*, proche le village du *Chesne* et tenus à devoir d'obéissance.

— 41 —

3 janvier 1475. — Aveu rendu à écuyer Jean de Peillac, sgr des Montils-Ferruceau, par escuyer Jean de Peillac, sgr des Montils-Ferruceau, par escuyer Jean du Coin[2] pour l'hostel et appartenances de la *Rouxelière* et quelques autres héritages avec rentes, à lui dues, e tout à devoir de rachat.

— 42 —

21 juin 1480. — Aveu rendu à écuyer Prigent Prévost et demoiselle Vincente Maillard, son épouse, seigneur et dame de la Maillardière, par Laurent Coiffé, Laurans Denyau et Michel Le Royer, pour le lieu de la grande *Blanchardière* et ses dépendances tenus à devoir de 6 livres et 4 chapons de rente annuelle et pour la *Petite Blanchardière* sujette à 10 livres et 6 chapons de rente ; et doivent en outre lesdits tenanciers prendre de leur dit seigneur,

[1] PIERRE LANDAIS. — Il s'agit ici du fameux Pierre Landais, ministre et favori du duc François II, trésorier et receveur général de Bretagne pendu par les seigneurs bretons en 1485 et marié à Jeanne de Moussy. D'assez petite famille, il était fils d'un couturier de Vitré.

[2] JEAN DU COIN. — La famille du Coin eut pour berceau la terre de ce nom en la paroisse de Saint-Fiacre, de nos jours propriété de la famille *Bacqua*, et portait pour armes : *D'argent à 3 écussons de gueules*.

boisseau à blé et *mesure à vin*, plus, payer pour le devoir de *quintaine* par chaque nouveau marié, 2 *cartées et demie de vin*, 6 *denrées de pain* avec de la *moutarde dessus* et une *pièce de bœuf rai-
sonnable* le jour des noces ; et sont en outre sujets chaque mois au
devoir de bian de 2 hommes et une charette à 4 bœufs pour aller
travailler où il leur sera ordonné ; plus, doivent au seigneur de
Palletz, 5 boisseaux de froment, mesure de Rezay.

— 43-44 —

29 août 1486-7 août 1490. — Deux aveux rendus à écuyer
Jean de Peillac, seigneur des Montils-Ferruceau par Jean Landais,
qui déclare lui devoir 5 sols 10 deniers de rente sur ses héritages
sis en la tenue de la *Rouxelière*.

— 45 —

12 juillet 1488. — Aveu rendu par escuyer Pierre Leet, sgr de
a Desnerie et Lesbeaupin[1], à demoiselle Jeanne de Moussy, dame de
Briort et de la Jaguère[2], à cause de sa juridiction de la Jaguère pour
plusieurs rentes dues au seigneur de la Desnerie pour le tenement
de la *Bourelière* et sujettes au devoir de rachat.

— 46 —

7 août 1490. — Aveu rendu à messire Gilles de Peillac, fils de
Jean, écuyer, sgr des Montils-Ferruceau et de la Rouxelière, pour
les **héritages** qu'ils tiennent audit lieu de la Rouxelière, sujets à
7 sols de rente et au devoir de rachat, par Guillaume Guibelot et
consorts.

---

[1] PIERRE LEET. — Famille ancienne, originaire de la paroisse de Saint-Dona-
tien de Nantes et portant pour armes : *Un losange*, d'après un sceau de 1421.

[2] JEANNE DE MOUSSY. — Dame Jeanne de Moussy, fille de Jean de Moussy,
riche marchand drapier à Nantes, avait épousé le fameux Pierre Landais,
favori du duc François II, trésorier-receveur de Bretagne, et laissa une fille
unique : demoiselle Françoise de Moussy, mariée à Arthur L'Epervier, grand
veneur de Bretagne, auquel elle apporta l'immense fortune amassée par son père.

— 47-52 —

21 juin 1491-27 février 1498. — Six aveux rendus à messire Gilles de Peillac, écuyer, seigneur des Montils-Ferruceau et de la Rouxelière les 21 juin 1491, 2, 10 et 14 juin 1495, 7 août 1496, et 27 février 1498, par Guillaume Guibelot, Laurent Bernard, Jean de Montalembert, écuyer et Jeanne Morin, sa femme, Jean Février, Jean Artaud et consorts, pour divers héritages tenus par eux au fief de la *Rouxelière* et sujets au devoir de rachat.

— 53 —

3 février. 1492. — Aveu rendu par nobles gens, Guyon de Chasné[1] et Vincente Maillard, sa compagne, seigneurs et dame de la Maillardière à écuyer Gilles de Peillac, sgr de la Rouxelière pour la métairie de la *Gournière* et ses dépendances, tenue de lui à foi, hommage et rachat.

— 54 —

20 juin 1493. — Aveu rendu à demoiselle Vincente Maillard, épouse de messire Guyon de Chasné, sgr et dame de la Maillardière, par Guillaume Heurtin et consorts pour quelques maisons et leurs appartenances nommées la *Guesdonnière*, tenues à 6 livres et 6 chapons de rente annuelle, plus pour une pièce de terre nommée la *Renerie*, sujette à 4 sols 6 deniers et 2 chapons, plus le droit de *quintaine* consistant en un *pain blanc de 6 deniers* un *mets de bœuf avec sa sauce et 2 cartées 1/2 de vin*, le jour des noces de chaque nouveau marié.

— 55 —

3 décembre 1493. — Aveu rendu à messire Guyon de Chasné et demoiselle Vincente Maillard, son épouse, seigneur et dame de la

---

[1] GUYON DE CHASNÉ. — Très ancienne maison, originaire de la paroisse de ce nom au diocèse de Rennes et portant pour armes : *D'azur, parti* (aliàs : *coupé*) *d'or au lion de l'un dans l'autre.*

Maillardière par Laurent Depiau pour le lieu et domaine de la petite *Blanchardière* et ses dépendances tenu à devoir de 4 livres et 2 chapons de rente annuelle, plus à une demi-charretée de bian à deux bœufs et 1 homme et au devoir de *quintaine* consistant en un *mets de bœuf avec sa sauce, deux cartées et demie de bon vin* et 6 *denrées de pain blanc* pour chaque nouveau marié.

— 56 —

11 juin 1499. — Aveu rendu à messire Jacques Madeuc[1] et demoiselle Françoise de Trevecar[2], sa compagne, sgr et dame de Trevecar, Beaulieu et Rezay, par dame Anne de la Tousche, veuve de Pierre Lect, pour quelques maisons et héritages sis au village de la *Barbinière* en la paroisse de Vertou et relevant de la seigneurie de Rezay à foy, hommage et rachat, et sujettes à divers redevances avec droit de juridiction, court et obéissance pour ladite dame de la Tousche.

— 57 —

10 mai 1500. — Aveu rendu par André Landais à écuyer Gilles de Peillac et demoiselle Marguerite Baud, sa femme, pour une maison et ses dépendances sises au village de la *Rouxelière* et tenues 9 sols et un chapon de rente annuelle.

— 58 —

11 juin 1503. Contrat de vente fait par nobles gens Jean de Montalembert, sgr de la Hussonnière[3], garde naturel de Thomas de

[1] JACQUES MADEUC. — Illustre maison bretonne, originaire de la paroisse de Pléneuf, évêché de Saint-Brieuc et remontant au XIIe siècle. Armes : *De sable au léopard d'argent, accompagné de 6 coquilles de même 3. 3*, d'après un sceau de 1276.

[2] FRANÇOISE DE TREVECAR. — Famille originaire de la paroisse d'Escoublac près Guérande, évêché de Nantes et portant pour armes : *D'argent à la croix engreslée de sable*, d'après un sceau de 1380. Dame Françoise de Trevecar était la dernière héritière de son nom qui s'est fondu par elle dans du *Guémadeuc*.

[3] JEAN DE MONTALEMBERT. — Très ancienne famille bretonne, originaire de la paroisse de Marcillé-Robert, au diocèse de Rennes, où se trouve la terre de son nom qui fut son berceau. Très différente de la maison de *Montalembert* originaire de l'Angoumois, mais qui eut, elle aussi, de nombreuses attaches en

Montalembert, son fils issu de lui et de feue Jeanne Morin, sa compagne, à noble homme Gilles de Peillac, sgr de Montils-Ferruceau, de divers héritages au fief de la *Rouxelière*, plus 5 sols, 3 chapons et deux oyes de rente annuelle, moyennant la somme de 41 livres monnaie.

— 59-60 —

5 juin 1508-10 juin 1515. — Deux aveux rendus à messire Gilles de Peillac, écuyer, sgr de la Rouxelière, par Guillaume Ertaud et Michel Peignon, pour divers héritages sis au fief de la *Rouxelière* et tenus à devoir de rachat.

— 61 —

17 mai 1511. — Aveu rendu par écuyer François de la Tousche[1] sgr dudit lieu, de Montbert et de Casson, tuteur d'écuyer Christophe Leet, sgr de la Desnerie et de Lesbaupin, à écuyer Gilles de Peillac, sgr des Montils-Ferruceau et de la Rouxelière, pour les maisons, terres et appartenances de *Lesbaupin*, avec droits de cour, et juridiction, plus quelques rentes à lui dues par des particuliers, le tout tenu de lui à foy, hommage et rachat.

— 62 —

8 novembre 1516. — Contrat d'eschange, par lequel écuyer Gilles de Peillac cède à Guillaume Gerard, tous les droits qu'il peut avoir sur le pré du *Champ-Guérin*, contenant une boixellée et reçoit en retour 5 sols de rente dus audit Gerard sur quelques héritages sis à la *Rouxelière*.

Bretagne ; elle portait pour armes : *D'or à 3 têtes de loup arrachées de sable*. M Pol de Courcy commet une erreur dans son *Armorial de Bretagne* (tome II, p. 289) en citant *Guillaume* de Montalembert, avocat, homme de pratique en la cour laïque et secrétaire du duc en 1462, comme époux de Jeanne Morin. Cette dernière, comme le prouve la pièce ci-dessus analysée, ne fut que sa *belle-fille* et la femme de *Jean* de Montalembert, écuyer, sgr de la Hussonnière, son fils.

1 FRANÇOIS DE LA TOUSCHE. — Très ancienne et illustre maison, originaire de la paroisse de la Limouzinière, évêché de Nantes, dont une branche porte encore le nom de nos jours. — Armes : *D'or à 3 tourteaux de gueules*.

— 63 —

31 mai 1524. — Contrat par lequel Gilles de Peillac, écuyer, sgr des Montils-Ferruceau et de la Rouxelière, fils et héritier d'autre Gilles de Peillac, cède et donne à titre de censie à Estienne Coustaud et Guillemette Cornet, sa femme, Pierre Béliard et Jeanne Coustaud, divers héritages sis au fief de la *Rouxelière*, à la charge de les tenir de lui à foy, hommage et rachat, et à 6 livres de rente annuelle.

— 64 —

21 juin 1524. — Aveu rendu par Pierre Hamon[1], escuyer, sgr de la Gillière, à écuyer Gilles de Peillac, sgr de la *Rousselière*, tenue en arrière-fief de la juridiction de la *Maillardière*, pour la métairie de la *Gouronnière* (Gournière), tenue à foy, hommage et rachat.

— 65-69 —

10 juin 1526-21 juin 1539. — Cinq aveux rendus les 10 juin 1526, 16 septembre 1529, 15 juin 1538, 20 mars et 21 juin 1539, par Etienne Dutay, Dom Guillaume Delesbaupin, Marc, Etienne et Grégoire Agaisse, André Landais et consorts, pour divers héritages au fief de la *Rouxelière*, tenus à 7 livres 10 sols de rente annuelle et au devoir de rachat.

— 70 —

13 juin 1528. — Contrat d'échange par lequel Christophe Lect, sgr de la Desnerie, a donné à messire Mathurin Baud[2], sgr de Montigné, la terre et seigneurie de *Lesbaupin* et ses dépendances, sise

---

[1] PIERRE HAMON. — Famille ancienne, originaire de la paroisse de Port-Saint Père, évêché de Nantes, et à laquelle appartenaient : François Hamon, abbé de Saint-Méen et évêque de Nantes, mort en 1531, et André, abbé de Saint-Gildas-de Rhuys et évêque de Vannes, mort en 1527. Armes : *Ecartelé : aux 1 et 4 : de gueules à 3 haches d'armes et d'argent* ; aux 2 et 3 : *3 huchets* ; aliàs : sur le tout de *Guibé*, d'après un aveu de 1571.

[2] MATHURIN BAUD. — Famille ancienne, originaire du Maine et établie en Bretagne avec Olivier Baud, trésorier de guerres du duc de Bretagne en 1461. Armes : *De sinople à trois fasces d'argent.*

en la paroisse de Vertou avec plusieurs autres rentes mentionnées au contrat et a reçu en échange la terre et seigneurie de la *Malorais* située ès paroisses de Trans près le Plessis de Joué, Mouzeil et Riaillé avec quelques rentes et autres dépendances à la charge d'en payer le rachat.

— 71 —

26 juin 1530. — Cession à titre de censie d'une pièce de terre contenant 4 boissellées, sise au quarteron de la *Rouxellière* et nommée la *Terre Mourin*, consentie par écuyer Gilles de Peillac, sgr de la Rouxelière, à Estienne Coustaud, moyennant une rente annuelle de cinq sols et un chapon.

— 72 —

21 janvier 1531. — Aveu rendu à écuyer Gilles de Peillac, sgr des Montils-Ferruceau et de la Rouxelière par Nicolas de la Roche[1] et Marguerite Baud, sa femme, pour la terre et seigneurie de *Lesbaupin*, ayant court et juridiction et pour quelqu'autres rentes dues par des particuliers, le tout tenu de la *Rouxelière* à foy, hommage et rachat.

— 73 —

12 avril 1532. — Contrat de vente, consenti par messire Nicolas de la Roche, écuyer, sgr de la Garnaudière, moyennant la somme de 800 livres monnaie, des terres et seigneurie de la *Barbinière*, paroisse de Vertou o toutes ses dépendances, tenues à foy et hommage des terres et seigneuries de *Rezay* et la *Jaguère*.

— 74 —

10 mars 1533. — Contrat de vente consenti par noble homme Jacques de Montberon, sgr de Miré, de Chartres et d'Avoir[2] et

[1] Nicolas de la Roche. — Très ancienne et illustre maison encore représentée de nos jours et plus connue sous le nom de : *la Roche Saint-André*, qu'elle porte depuis plusieurs siècles en souvenir du nom de son berceau, la paroisse de Saint-André-Treize voies, ès marches communes de Poitou et Bretagne : Armes : *De gueules à 3 rocs d'échiquier d'or.*

Jacques de Montberon. — La famille de Montberon ou Montbron, encore représentée de nos jours en Poitou, est originaire de l'Angoumois et portait pour armes : *Ecartelé* : aux 1 et 4 : *fascé d'argent et d'azur* ; aux 2 et 3 : *de gueules plein.* d'après un sceau de 1376.

demoiselle Louise Goheau, sa compagne, dame de Souché et des Jammonières[1], à messire François Gabart[2] et Jeanne Giroust[3], sa femme, sgr et dame de la Bossuère et la Champaignière des terres et seigneurie de la *Maillardière*, o toutes leurs appartenances et dépendances haute, moyenne et basse justice, en la paroisse de Vertou, plus le droit de juridiction et seigneurie sur les villages des *Chapelles*, grandes et petites, *Aufraires* en la paroisse de Rezay, avec quelques autres rentes mentionnées au contrat, sans réserves aucunes, à la charge de les tenir à foy, hommage et rachat des seigneuries de qui elles dépendent, ladite vente consentie moyennant la somme de 10.000 livres.

— 75 —

17 février 1534. — Accord entre messire François Gabart, sgr de la Maillardière et de demoiselle Marguerite Baud, dame de la Roche et Lesbaupin, establissant que les seigneurs de la Maillardière, sont et demeurent possesseurs de 5 journaux de pré sur la rivière de Sayvre entre les coteaux de la Rouxelière et les prés de la dame de Lesbaupin et ont droit d'en amener et faire conduire avec bœufs et charettes par dedans une pièce de terre joignant les jardins de la maison de Lesbaupin, les foins et herbes qui y croissent.

— 76 —

12 janvier 1536. — Accord entre écuyer Gilles de Peillac, sgr des Montils, de Palletz en Rezay et la Rouxellière et le seigneur de Maillardière touchant la mouvance de la *Maillardière* à laquelle prétendait ledit Gilles de Peillac.

---

[1] LOUISE GOHEAU. — Famille ancienne, connue depuis messire Jean Goheau, écuyer, dans une montre de 1371, et originaire de la paroisse de Vallet au diocèse de Nantes. Armes : *De gueules à trois casques de profil d'argent.*

[2] FRANÇOIS GABART. — Famille originaire de la paroisse de Vertou, évêché de Nantes et portant pour armes : *De gueules à 3 étoiles d'or en chef et un croissant d'argent en pointe.* Messire François Gabart, ci-dessus cité, fut capitaine de la garnison de Nantes en 1543.

[3] JEANNE GIROUST. — Famille originaire du Maine et portant pour armes : *D'azur à la fasce* (aliàs : *trois fasces) d'or.*

— 77 —

20 juin 1536. — Accord touchant le droit de pesche en la rivière de Sayvre appartenant au seigneur de la Maillardière.

— 78-99 —

18 avril 1537-31 mai 1555. — Deux aveux rendus au seigneur de la Maillardière, le premier, par Jean Berthelot, *concierge du château de Nantes,* et Macé Le Mestayer, le second par Jeanne Boullay, veuve de Jean Berthelot pour le tenement de la *Guesdonnière,* contenant 3o septrées de terre, tenu à 7 livres monnoie, 6 chapons et le droit de *quintaine.*

— 8o —

3 juin 1537. — Aveu rendu à demoiselle Marguerite Baud, dame de Lesbaupin et de la Barbinière, par Jean Duteil et consorts, pour quelques héritages sis en la pièce de la *Bourelière,* et tenus à devoir de 24 sols monnaie et quatre chapons.

— 81-86 —

19 juin 1537-18 août 1708. — Six aveux rendus aux seigneurs de la Maillardière, les 19 juin 1537, 16 juin 1585, 28 juin 1613, 20 mars et 15 avril 1647, 17 août 1708, par Françoise Cousteau, veuve de Thomas Vizonneau, Simon Louzet, François Sautejeau, Thomas Blandin, Benoist Grimaud, Pierre Babonneau et consorts, pour les diverses tenues du fief de la *Fillaudière,* sujettes à diverses rentes en blé, avoine, chapons, journées de bian, devoir d'aider à faner et abianner (*sic*) les foins du seigneur, droit de *quintaine.*

— 87-90 —

20 juin 1537-21 mai 1651. — Quatre aveux rendus aux seigneurs de la Maillardière par les tenanciers du fief de la *Bilière,* tenu à devoir 11 sols monnaie, 2 chapons, un homme de bian par semaine, plus le devoir de *quintaine.*

— 91-102 —

29 juin 1537-1ᵉʳ mai 1697. — Douze aveux rendus aux seigneurs de la Maillardière les 29 juin 1537, 27 décembre 1598, 20 août 1628, 3 février 1643, 25 août et 5 mai 1647, 6 avril 1650, 21 août et 5 septembre 1656, 6 juillet 1689, 5 janvier 1695 et 1ᵉʳ mai 1697, par Blaise Monnier, missire Jean Rufet, prêtre, recteur de Vertou, Philippe Le Merle, André Mestay, Jean Fleury, sieur de la Corberie, Jean et André Turmeau, Jauret, Pagu, Guillaume Crespel, sieur de la Haute-Lande, Julien Meneust, sieur des Islettes, Denis Guilloteau, sieur de la Guilberdière, Julien Orieux et consorts, pour les différentes tenues et herbergements du village de l'*Hertaudière*, sujettes à 3 septiers de blé et 29 sols monnaie, plus diverses rentes en chapons, seigle, etc., et le devoir de *quintaine*, conduite des prisonniers et d'obéissance.

— 103 —

30 juin 1537. — Aveu rendu à écuyer François Gabard, seigneur de la Maillardière, par Adam Le Bouyer et consorts, pour leurs héritages du lieu de la petite *Blanchardière*, tenus à devoir d'une livre 40 sols monnaie et 2 chapons de rente faisant moitié de 4 livres de rente dues sur ledit village et à une demi-charretée de bian avec 2 bœufs et un homme par chaque mois, plus au devoir de *quintaine* le jour des noces de chaque nouveau marié, consistant en : *un jallon de vin contenant 2 pots et demi*, mesure de la *Maillardière*, qui est pareille à celle de *Vertou*, un *mets de bœuf avec de la bonne moutarde et un pain et demi valant 6 deniers.*

— 104 —

2 septembre 1537. — Aveu rendu à François Gabard, escuyer, sgr de la Maillardière, par François Peignon et Gillette Saupin, sa femme et consorts, pour un moulin à vent sis au *Clos Doussin*, sujet à devoir 5 sols de rente plus pour quelques maisons et héritages sis au village du *Chesne*, aux pièces de l'*Ecobut*, la *Merlatière* et le

Clos Doussin, tenues à devoir d'obéissance et au devoir de *quintaine* consistant en un *jallon de vin*, un *plat de bœuf avec de la moutarde* et une *michée de huit sols six deniers* le jour des noces de chaque nouveau marié.

— 105-134 —

5 juin 1538-5 août 1710. — Trente aveux rendus aux sgrs de la Maillardière les 5 juin 1538, 3 août 1539, 26 novembre 1584, 10 juin 1585, 1ᵉʳ janvier 1599, 1ᵉʳ juillet 1606, 12 juin 1612, 23 juin 1613, 23 et 27 janvier 1631, 22 février 1642, 27, 29 juin et 16 août 1645, 1ᵉʳ et 6 mars 1647, 5 février 1651, 28 janvier et 6 mars 1653, 30 octobre et 1ᵉʳ décembre 1659, 9 juin 1690, 14 décembre 1693, 15 janvier et 16 août 1697, 10 août et 28 juin 1701, 27 juin 1709 et 5 août 1710, par Vincent Pegier, Mathurin et Gilles Cormerais, Bertrand Rouxeau, Pierre et Blaise Bureau, Jean Farineau, Jean Duteil, Simon Menant, François Ogeron, sieur de Villevert et Jeanne Bouchaud, sa femme, messire Guillaume Le Roy, ancien recteur de Vertou ; Pierre Denis, Jean Bernaut, sieur des Roussières, Renée Chantcreau, veuve de Hierosmes Hardouineau, sieur de la Noë de la Placelière, pour les diverses tenues dépendantes du fief du *Chesne* en la paroisse de Vertou et sujettes à diverses rentes consistant en boisseaux de froment, seigle et avoine, chapons, deniers monnaie, devoirs d'obéissance et droit de *quintaine*, lequel consiste en un *jambon de Mayence*, une *pièce de bœuf d'un demi pied carré, 3 pots de vin*, une *miche 1/2 de pain blanc valant 6 deniers*, le tout le jour des noces de chaque nouveau marié, plus le devoir de *garde et conduite des prisonniers*.

— 135 —

15 juin 1538. — Aveu rendu à écuyer Gilles, de Peillac, sgr de la Rouxelière, par Pierre Beliard et consorts, pour divers héritages sis au fief de la *Rouxelière*, et tenus à devoir de rachat et de 6 livres de rente annuelle.

— 136-145 —

23 décembre 1538-6 mai 1697. — Dix aveux rendus aux seigneurs de la Maillardière les 23 décembre 1538, 28 octobre 1581, 5 octobre 1598, 27 août 1638, 3 mai 1645, 23 avril 1647, 12 février 1650 et 23 avril et 6 mai 1697 par divers tenanciers pour la tenue du *Hardaz* en la paroisse du Vertou, contenant 17 septrées de terre et sujette à devoir de 4 livres tournois, et 4 chapons de rente annuelle.

— 146 —

31 décembre 1538. — Afféagement de la *Lande du Vergier* près du moulin à vent de la seigneurie de la Maillardière, consentie par le sgr dudit lieu à dom Mathurin Visonneau, prêtre, moyennant une rente annuelle de 8 sols 4 deniers et de la pièce de la *Marzelle*, moyennant la rente du quart des fruits.

— 147 —

2 juin 1539. — Contrat de la vente faite par Martin Garreau à messire François Gabart, écuyer, seigneur de la Maillardière, de la tierce partie d'une pièce de terre nommée la pièce de *Loterie*, sise en la tenue de la petite *Blanchardière*, moyennant la somme de 34 livres.

— 148-161 —

11 juin 1539-27 février 1703. — Treize aveux rendus au sgr de la Maillardière les 11 juin 1539, 27 mars 1554, 12 juin 1585, 2 janvier 1600, 4 juillet 1606, 2 janvier 1629, 2 avril 1629, 19 mars et 24 novembre 1647, 25 février 1652, 22 avril 1695, 17 novembre 1702, 27 février 1701, par dom Mathurin Vizoneau, prêtre, Louise Dulyon, veuve de Rol and Macé, Simon Leuzet, Julien Mestayer, André Crocq, Michel Blanchart, François Valleton, Guillaume Crespel, sieur de la Haute-Lande, Jean et Blaise Lemerle, pour les diverses tenues du fief de *Laubrière*, sujettes à diverses rentes en blés, avoines, chapons, journées de bian et devoir de *quintaine*, de conduite des prisonniers et d'aide au seigneur pour faner et ramasser les foins.

— 162 —

21 juin 1539. — Estienne Ertaud et Guillemette Drouillay confessent devoir à messire Gilles de Peillac, écuyer, sgr de la Rouxelière, une rente annuelle de 16 livres sur les héritages qu'ils possèdent à la *Rouxelière*, et déclarent lui avoir payé une somme de 12 livres pour les héritages de ladite rente.

— 163 —

24 décembre 1539. — Accord entre écuyer François Gabard, sgr de la Maillardière et Michel et René Poignon qui s'engagent à continuer chaque année le paiement audit seigneur d'un écu d'or soleil sur un moulin à vent, sis au fief de vigne du *Clos-Doussin* et à en rendre aveu audit sgr de la Maillardière.

— 164 —

16 mars 1542. — Même rendu par écuyer Pierre de Peillac, sgr de la Rouxelière, à messire François Gabart, docteur en droit, sgr de la Maillardière, pour ses terres et seigneuries de la *Rouxelière*, tombées en rachat audit sgr de la Maillardière par suite du décès de feu écuyer Gilles de Peillac, sgr de Montils-Ferruceau et la Rouxelière, son père.

— 165-168 —

19 mai 1543-15 mai 1546. — Quatre aveux rendus les 19 mai et 3 juin 1543 (4) et 15 mai 1546, par Pierre-Philippe, Estienne-Coustaud, Marie Detrouays, veuve de Guillaume Dulyon et Lucette Fevrier, veuve de Simon Aubin, pour divers héritages sis au village de la *Rouxelière* et tenus à devoir de rachat et quelques deniers de rente annuelle.

— 169 —

18 mai 1544. — Aveu rendu à écuyer Pierre de Peillac, sgr des Montils-Ferruceau, par Jean de Henleix[1] et Marguerite Baud, sa femme, pour la terre et seigneurie de *Lesbaupin* ayant cour et juridiction, et pour quelqu'autres rentes dues par des particuliers, le tout tenu de la *Rouxelière* à foi, hommage et rachat.

— 170-174 —

1er août 1548-8 juin 1549. — Cinq aveux rendus à demoiselle Anne Brecel[2], mère et tutrice d'écuyer, René de Peillac, sgr de la Rouxelière les 1er août 1548, 24, 27, 31 mai et 8 juin 1549, par divers tenanciers du village de la *Rouxelière* pour plusieurs héritages sis audit village, tenus à devoir de rachat et 7 sols de rente annuelle.

— 175 —

27 mai 1549. — Aveu rendu à demoiselle Anne Brecel, dame des Montils-Ferruceau, de la Rouxelière et des Pallets en Rezay, au nom et comme tutrice d'écuyer René de Peillac, son fils, à cause de sa seigneurie et juridiction de la *Rouxelière*, par Alexandre et Jean Tasson, pour quelques rentes leurs dues par plusieurs particuliers et tenues à foy, hommage et rachat.

— 176 —

20 février 1551. — Aveu rendu à nobles gens Jean de la Lande et Marguerite Baud, sa femme, pour divers héritages sis au village

---

[1] JEAN DE HENLEIX. — Très ancienne maison bretonne qui eut pour berceau la terre de ce nom en la paroisse de Saint-Nazaire, évêché de Nantes, et s'est fondue en 1558 dans la maison de la *Lande*, dite : de *Machecoul*. On ignore les armes de cette maison.

ANNE BRECEL. — Famille originaire de la paroisse de Carquefou, évêché de Nantes et fondue vers 1550 dans la famille Chenu. Armes : *D'argent à 3 merettes de sable.*

de la *Rouxelière* et relevant de leur juridiction de *Lesbaupin*, tenus à devoir de leur part, de 18 sols de rente, 5 sols 6 deniers de rente et 3o sols de rente annuelle.

— 177 —

7 mai 1551. — Aveu rendu à nobles gens Jean de Henleix et Marguerite Baud, sa femme, sgr de Lesbaupin et de La Barbinière par Blaise Monnier, messire François Monnier, prêtre, et consorts, pour une pièce de terre appelée la *Tellerie* en la parroisse de Vertou, tenue à 11 sols monnaie et 2 poules de rente, plus 3 maisons et quelques héritages tenues à 22 sols monnaie, 2 poules et 1 chapon plus 1 chapon, plus 11 sols monnaie, 2 poules et 1 chapon, le tout sous les juridictions de *Lesbaupin* et de la *Barbinière*.

— 178 —

9 mai 1551. — Aveu rendu à écuyer Jean de Henleix et sa compagne, pour quelques vignes situées aux fiefs de la grande *Bourelière*, des *Avenaux*, du *Pré Moreau*, de la *Gascellerie*, le tout tenue à 11 sols 8 deniers et 2 poules de rente annuelle.

— 179 —

10 mai 1551. — Aveu rendu à nobles gens Jean de Henles (de Henleix) et Marguerite Baud, sa femme, sgr et dame de Lesbaupin et de la Barbinière par Pierre et Jean Delesbaupin pour quelques héritages sis aux fiefs des *Suzerains* et de la *Bourelière*, tenus à quatre sols tournois de rente annuelle.

— 180 —

3 août 1551. — Aveu rendu à demoiselle Anne Brecel, mère et tutrice de René de Peillac, sgr de la Rouxelière par Jean de Henlez (Henleix), escuyer, et demoiselle Marguerite Baud, sa femme, pour la terre et seigneurie de *Lesbaupin* avec droit de court et juridiction et tenue de *Rouxelière* à foy, hommage et rachat.

181-190

15 juin 1555 — 26 août 1631. — Dix aveux rendus aux seigneurs de la Maillardière les 17 juin 1555 ; 23 mai 1585 ; 19 juillet 1590 ; 28 septembre 1578 ; 22 et 29 décembre 1598 ; 7 juin 1599 ; 26 juin 1606 ; 24 juillet et 26 août 1631, par Julien Regnier, Guillemette Cousin, veuve de Guillaume Monnier, Michel Le Royer, Ambroise Lhuissier, Françoise Ogeron, veuve de Julien Regnier, Jean Le Roy, François Ollive, Simonne Delesbaupin, veuve d'Olivier Gourdineau, François Monnier, prêtre et consorts, pour les diverses tenues du fief et village de la *Blanchardière*, en Vertou, relevant de la *Maillardière*, tenues à devoir d'obéissance à diverses rentes en mesure, monnaie et chapon à plusieurs journées de bian au devoir de *quintaine*, à la garde des prisonniers et au devoir de faire la recette et sergentise à leur tour et rang.

— 191 —

26 juin 1557. — Aveu rendu à nobles gens, Jean de Machecoul[1] et Marguerite Le Baud, sa compagne, sgr et dame de Lesbaupin et de la Barbinière, pour divers morceaux de pré sis auprès de la *Haye* et la *Barbinière* et tenus à devoir de 8 sols de rente annuelle.

— 192 —

7 juin 1562. — Aveu rendu à noble homme Christophe des Ridellières, sgr dudit lieu, père et garde naturel de messire Gabriel des Ridellières[2], sgr de la Rouxellière, par Jean Coustaud et con-

---

[1] JEAN DE MACHECOUL. — Messire Jean de la Lande, dit : de *Machecoul.* — La famille de la Lande, d'origine chevaleresque, eut pour berceau la paroisse de Savenay au diocèse de Nantes et portait pour armes : *D'azur à une quintefeuille d'argent*, d'après un sceau de 1518, mais la dernière héritière de la maison de *Machecoul*, s'étant fondue dans la maison de *la Lande*, un rameau de celle-ci en retint dès lors les noms et armes : *D'argent à trois chevrons de gueules*, d'après un sceau de 1276.

[2] GABRIEL DES RIDELLIÈRES. — Très ancienne famille, originaire de la paroisse de Montbert, au diocèse de Nantes, où se trouve la terre de son nom. On ignore encore ses armoiries. Messire Christophe des Ridellières, ci-dessus cité, et père de Gabriel, fut chevalier de l'ordre du Roi en 1570.

sorts, pour divers héritages sis au fief de la *Rouxelière*, et tenus à devoir de rachat.

— 193 —

15 novembre 1563. — Sentence rendue par M. Saliou, conseiller au Parlement de Bretagne, maintenant le sgr de la Maillardière dans son *droit de pêche*, en la rivière de Sepvre, du côté de ses terres, fiefs et domaines de la *Maillardière*, même vis à vis les terres du sgr du *Portereau* et autres dellendeurs avec défense de l'y troubler sous peine de 3ooo livres d'amende.

— 194 —

5 août 1571. — Aveu rendu par Etienne Perraud et consorts à nobles gens Gilles de la Lande et demoiselle Jeanne de Henleix, sgr et dame de Lesbaupin et de la Barbinière, pour une maison et héritages sis au village de l'*Angeberdière*, plus une pièce de terre nommée la *Septrée*, sujette à 12 sols 6 deniers de rente annuelle.

— 195 —

5 août 1571. — Aveu rendu à escuyer Gilles de la Lande et Jeanne de Henleix, sa femme, sgr et dame de Lesbaupin et la Barbinière, par Mathurin de Lesbaupin et consorts, pour divers héritages sis au fief de la *Rouxelière* et tenus à devoir de 4 sols, 6 deniers et un chapon de rente annuelle; plus, pour d'autres héritages sis aux fiefs de la *Censive*, de la *Rouxelière*, de *Beaujouanne*, des *Gasts de la Rouxelière*, tenus à 5 sols 6 deniers de rente annuelle.

— 196 —

5 août 1571. — Aveu rendu à nobles gens Gilles de la Lande et Jeanne de Hencelles (*sic*)[1], sa compagne, par Etienne Perraud et consorts, pour quelques maisons et héritages sis au village de l'*Artière*, proche Lesbaupin, relevant de ladite seigneurie de Lesbaupin et sujette à 12 sols 6 deniers de rente annuelle.

[1] Jeanne de Hencelles. — Il faut lire : Jeanne de Henleix.

— 197-198 —

26 juillet 1572-16 juin 1677. — Deux aveux rendus à écuyer
Gilles de la Lande et demoiselle Jeanne de Henleix, sgr et dame de
la Barbinière et de Lesbaupin, le premier par Pierre et Robert Delesbaupin, le second par Léonard et Vincent Delesbaupin pour divers heritages sis ès tenues de la *Censive, des Gasts, de Langeberdière,*
des *Suzerains,* de la *Benestrie,* de la *Penossière,* dépendant du fief
de la *Benoisterie* et sujets à 4 poules et 1 chapon, plus 6 sols monnaies et 1 chapon de rente annuelle.

— 199-210 —

21 novembre 1576.— 6 décembre 1698. — Douze aveux rendus
aux seigneurs de la Maillardière, 5 et 21 novembre 1578, 7 juin et
8 juin 1599 ; 25 juillet 1642, 4 août 1644, 25 février, 4 août et 2
septembre 1646 ; 1er février 1651, 2 juillet 1696, 13 août et 6 décembre 1698 par Robert Delesbaupin, missire Léonard Delesbaupin, Sébastien Brossard, François Saupin, Mathurine Cassard, veuve
de Jean Delesbaupin, Pierre Maisonneuve, Guillaume Dejoye, Li-
phard Dreux et consorts, pour les diverses tenues du fief du *Rocher*
en Vertou, sujettes à plusieurs rentes en seigle, avoine, chapons,
menus deniers et devoir d'obéissance.

— 211-212 —

25 mai 1577-1er juin 1579. — Deux aveux rendus à messire
Gilles de la Lande, écuyer, sgr de Lesbaupin, la Barbinière, pour
divers héritages sis au fief de la *Rouxelière,* et tenus à devoir d'o-
béissance et à 10 sols monnoie et un chapon de rente annuelle.

— 213 —

14 juin 1577. — Aveu rendu par Pierre Olive à noble homme
Gilles de la Lande, écuyer, sgr de Lesbaupin et de la Barbinière,
pour une maison et des héritages sis au village de *l'Angeberdière,*
tenus au devoir de 5 sols et 1 chapon de rente annuelle.

— 214 —

31 juin 1577. — Aveu rendu à noble homme Gilles de la Lande, sgr de Lesbaupin et de la Barbinière, par Mathurin Le Merle, pour quelques héritages et maisons, sis au village de la grande *Bourelière,* sujets au devoir d'un chapon et 11 sols de rente annuelle.

— 215 —

29 août 1582. — Aveu rendu à messire François Gabard, écuyer, sgr de la Maillardière, conseiller au Parlement de Bretagne, par Nicodème Monnier, sieur de *Bonacquest*[1], pour divers héritages situés au village de ce nom, tenus à devoir de 20 sols tournois, un chapon et un quart faisant partie de la rente de 40 sols monnaie, 2 chapons dus sur la tenue de la Petite-Blanchardière, et 30 sols monnaie pour la valeur des charettes de bian, plus 7 sols monnaie pour la tenue de la *Papinière.*

— 216-222 —

15 août 1583. — 15 août 1586. — Sept contrats de vente roturiers passés entre divers tenanciers de la terre et seigneurie de Lesbaupin et concernant diverses terres sises au village de l'*Angeberdière* et dépendances, relevant de la seigneurie de *Lesbaupin.*

— 223 —

22 juin 1585. — Aveu à messire François Gabard, écuyer de la Maillardière, par Martin Viau et Françoise Berthelot, sa femme, Françoise Nicollon et consorts, pour les lieux, maison et appartenances de la *Chasse,* sujets à 34 boisseaux de seigle de rente annuelle, partie d'un plus grand nombre de rentes, plus à 72 livres tournois, et deux chapons aussi de rente, dus à la chapellenie dudit seigneur de Maillardière, et ladite Nicollon doit sur ses héritages sis au vil-

---

1 NICODÈME MONNIER. — La famille Monnier, originaire de la paroisse de Vay, portait pour armes d'après l'Armorial de 1696 : *D'azur au sautoir d'argent chargé de 4 poissons de gueules, les têtes en cœur.*

lage de la Maillardière. 5 boisseaux de seigle, partie d'un plus grand nombre de rentes, payables à ladite chapellenie, 60 sols tournois et 2 chapons, et sur d'autres héritages, possédés par Si-mon Meneust 2 chapons 1/2 ou seigneur de la Maillardière.

— 224-228 —

10 juin 1585. — 5 mai 1647. — Cinq aveux rendus aux sei-gneurs de la Maillardière par les tenanciers du village des *Hautes-Landes*, tenus à devoir de 20 sols monnaie et 4 chapons de rente annuelle, plus quelqu'autres rentes en avoine, seigle, chapons, les 10 juin 1585, 12 septembre 1617, 20 août 1646, 30 mars et 5 mai 1747.

— 229-231 —

17 juin 1585. — 6 juin 1655. — Trois aveux rendus aux sei-gneurs de la Maillardière par les tenanciers du village de la *Planche* en Vertou, sujets à diverses rentes en menus deniers, seigle, jour-nées de bian, chapons, devoirs de *quintaine* et conduite des pri-sonniers.

— 232 —

5 août 1592. — Contrat de vente, consenti par écuyer Pierre de Touvois, sgr des Montils-Ferruceau et la Rouxelière à Nicodème Monnier, sgr de Bonacquest, de tout ce qui dépend des *Montils-Ferru-ceau* au village de la *Rouxelière* et dépendances, appellé : *jui idic-tion de la Rouxelière*, rentes, lods, rachats, et autres devoirs dépen-dant de ladite juridiction, moyennant la somme de 250 escus soleils et à la charge de les tenir prochement à foy, hommage et rachat de la seigneurie et juridiction de la *Maillardière*.

— 233-237 —

29 septembre 1593. — 30 novembre 1610. — Cinq aveux ren-dus à noble homme Nicodème Monnier, sgr de Bonacquest et la Rouxelière les 21 septembre 1593, 4 juin 1599, 7 janvier et 31 mai 1605, 30 novembre 1610, par demoiselle Jeanne de Rimaizon

Jean Aubin et Perrine Menant, sa femme, Jean Coustaud, Robert Delesbaupin, Pasquier Cado et consorts, pour un pressoir tenu à devoir de 1/4 et divers autres héritages au village de la *Rouxelière*, tenus à devoir d'obéissance, rachat 7 sols monnoie de rente, un chapon et une oye de rente annuelle.

— 238 —

17 juin 1595. — Aveu rendu aux seigneurs de la Maillardière par missire Honoré Brosseau, prêtre, chapelain de la chapellenie de la *Bauche-Malo* pour un logis et quelques héritages sis au village de la *Haute Noë* et tenus à obéissance.

— 239-240 —

3 et 5 avril 1595. — Deux sentences rendues au Présidial de Nantes et condamnant Jean Aubin à payer à Nicodème Monnier, sgr de la Rouxelière, 7 sols monnoie de rente à luy dûs sur une maison et héritages sis au village de la *Rouxelière* et les arrérages de ladite rente dus depuis 29 ans.

— 241-245 —

10 avril 1587 — 29 avril 1647. — Cinq aveux rendus aux seigneurs de la Maillardière les 10 avril 1597, 19 octobre 1643, 28 mars 1645 et 10 juillet 1646 par les tenanciers du fief et village des *Sorinières*[1], tenu à devoir de 3 septiers de seigle, 20 sols monnaie et 12 deniers de rente annuelle, plus le devoir de *quintaine* et la conduite des prisonniers.

— 246 —

8 décembre 1598. — Aveu rendu au sgr de la Maillardière par Marie Gastine, veuve de Jean Hillaireau pour quelques héritages sis au village du *Mortier-Benoist*, en la paroisse de Vertou sans désignation de rente.

---

[1] LES SORINIÈRES. — Ce grand village, situé sur la route nationale de Nantes à la Rochelle, est devenu successivement paroisse, puis commune, démembrée de Vertou, il y a quelque trente ans.

— 247 —

20 décembre 1598. — Aveu rendu au seigneur de la Maillardière par Marie Michel, veuve de Jean Rousselet, pour quelques héritages sis au village de la *Grassinière*, tenus à devoir de 18 deniers de rente annuelle.

— 248-262 —

1er juin 1599 — 13 juillet 1693 — Quinze aveux rendus aux seigneurs de la Maillardière les 1er juin 1599, 1er juillet 1606, 26 janvier 1631, 28 mai 1039, 28 juillet 1640, 26 août 1646, 29 mars 1647, 14 juin 1648 (?), 10 juin 1651, 4 octobre 1652, 16 et 25 novembre 1660, 1er juillet 1692, 6 mai 1697, 13 juillet 1699, par Raoul, Rousselet, Sébastien Callet, Pierre Bretin, Simon Menant, sieur de la Barbinière, Louis Loquet, Georges Buron, Gilles Desloges, Jacques d'Espinoze, écuyer, sgr de Lespinais et Julienne Jamin, sa compagne, Julien Anizon, Antoine Massé, sieur de Langeberdière, pour le lieu et maisons de *Langeberdière* et les diverses tenues qui en dépendent, sujettes à diverses rentes en avoine, blé, chapons, deniers monnaie, devoir de *quintaine* et obéissance.

— 263 —

21 août 1602. — Contrat d'échange par lequel Nicodème Monnier, sieur de Bonacquêt, a donné à Nicolas Le Roy 3 boisselées de terre sis en la pièce des *Coulées* à la charge de payer les rentes et obéissance à la juridiction de la *Jaguère* et 3 boisselées 1/3 de terre en la pièce des *Grandes Landes*, tenues à devoir d'obéissance envers la seigneurie de la *Maillardière* et en retour le dit Le Roy lui a donné 6 boisselées de terre en la pièce du *Rolard*, proche de *Bonacquêt*, à la charge de payer un sol de rente à la juridiction de la *Maillardière*.

— 264-265 —

20 octobre 1607-30 juillet 1619. — Deux aveux rendus à écuyer François Gabard, conseiller au Parlement de Bretagne, par Julien

Le Roux, missire Mathurin Delesbaupin, prêtre, et consorts, pour divers héritages sis au village de la *Basse-Lande* et aux tenues du *Redraz*, de l'*Ousche-Yonnet*, de l'*Escobut*, de la *Grassinière*, la *Rouauderie*, des *Landes de la Chasse*, de l'*Audouère*, de la *Merlatière* et de la *Furetière* dépendantes du fief de la *Basse-Lande* en la paroisse de Vertou, et sujettes à diverses rentes consistant en avoines, froment, seigle, chapons et menue monnaie.

— 266 —

11 février 1608. — Afféagement du pâtis de la *Pommeraye* contenant 23 boisselées en frost et gasts, consentie par le sgr de la Maillardière à Gilles Delesbaupin, moyennant une rente annuelle de 25 sols monnaie et 2 chapons.

— 267 —

21 décembre 1608. — Aveu rendu à écuyer François Gabart, sgr de la Maillardière, par demoiselle Marthe Achart, dame de la Panthière, veuve de Gilles Cassard pour quelques héritages sis près le village de la *Grassinière*, tenus à devoir de quelques rentes sans désignation.

— 268-280 —

21 juillet 1613-2 juillet 1627. — Dix sept aveux rendus aux seigneurs de la Maillardière, les 21 juillet 1613, 18 novembre 1628, 16 novembre 1629, 5 février 1632, 21 novembre 1642, 20 juillet et 31 août 1643, 30 juillet 1645, 19 septembre 1646, 19 juillet 1647, 30 décembre 1650, 8 février 1657, 9 avril 1695, 20 janvier, 2 et 30 mai et 2 juillet 1697, par Catherine Buron, veuve de Guillaume Houstin, René Clouet, Guy Hilaireau, Gilles Guilbaud, Louis Havard, messire Denis Peger, prêtre, Henry Aubin, Pierre Beauchesne, Pierre Delesbaupin, Alexandre Viau, sieur de la Chasse, Pierre Recoquillé, Julien Ferrière, Pierre Belot, sieur de la Placelière, Ignace Marchand, et consorts, pour diverses tenues dépendantes du fief de la *Chasse* en la paroisse de Vertou, sujettes à diverses rentes en froment, seigle, avoine, chapons, devoirs d'obéissance et *quintaine*, et conduite des prisonniers, etc.

— 281 —

16 septembre 1614. — Contrat d'échange roturier de deux morceaux de terre sis au *Fresche-Moreau* et au *Clos-Doulxin* dépendant de la *Barbinière*, passé entre Jean Raynière et Nicolas Le Roy.

— 282 —

17 juillet 1618. — Aveu reudu à noble homme René Monnier, sgr de la Rouxelière et Bonacquest, par Yves Sorin, Jean Artaud et consorts pour plusieurs héritages sis à la *Rouxelière* et tenus à devoir de rachat et à 5 l. 3 s. 10 d. monnaie et 6 livres de monnaie de rente annuelle.

— 283 —

24 avril 1620. — Contrat d'échange, par lequel René Monnier, sgr de la Rouxelière et Bonacquest, cède à Jacques Le Breton, le fief noble et la juridiction de la *Rouxelière* en Vertou avec haute moyenne et basse justice et tout ce qui en dépend à la charge de relever de la juridiction de la *Maillardière* et reçoit en retour 15 livres de rente foncière à luy dues sur un grand corps de logis, sans désignation de l'endroit où il est situé.

— 284 —

10 novembre 1622. — Afféagement du patis du *Vigneau* contenant 12 boisselées consenti par le sgr de la Mailladière à Olivier Hillaireau, moyennant une rente annuelle de 15 sols monnaie.

— 285 —

17 mars 1623. — Aveu rendu par noble homme Jacques Le Breton, sgr de la Rouxelière, à écuyer François Gabard, sgr de la Maillardière pour le fief noble et seigneurie de la *Rouxelière* o toutes ses appartenances et dépendances, tenus à devoir de rachat.

— 286 —

17 mars 1623. — Accord entre messire François Gabart, sgr de Maillardière et Jacques Le Breton, sgr de la Rouxelière, au sujet des rachats qui pourraient être dus par ledit sieur Gabart audit sieur de la Rouxelière à cause de la maison, métairie et moulin de la *Gournière* et ses dépendances, à présent annexée à la seigneurie de la *Maillardière*, pour raison de la seigneurie de la *Rouxelière*, lesdits sgrs ont transigé pour lesdits rachats pour la somme de 5o livres.

— 287 —

17 mars 1623. — Aveu rendu par le sgr de la Maillardière à noble homme Jacques Le Breton, sgr de la Rouxelière, pour la maison, métairie et dépendances de la *Gournière*, tenue à devoir de rachat et à présent annexée à la seigneurie de la *Maillardière*.

— 288 —

23 mai 1623. — Accord entre messire François Gabard, sgr de la Maillardière, et les héritiers de Nicodème Monnier et le sgr de la Rouxelière au sujet du rachat de la seigneurie de *Lesbaupin*.

— 289 —

11 juin 1624. — Accord entre écuyer François Gabard, sgr de la Maillardière, conseiller au Parlement de Bretagne et Guillaume Bouchaud et Jeanne Cossineau, sa femme, par lequel, ledit sgr de la Maillardière concède audit sieur Bouchaud et femme, le droit de réédifier à neuf le moulin du village du *Chesne* en Vertou, à la charge de le tenir de lui à foi, hommage et rachat ; en récompense de cette concession lesdits Bouchaud et femme ont payé au sgr de la Maillardière une somme de 10 livres 16 sols, au moyen duquel payement ils demeurent quittes et déchargés à l'avenir de la rente d'un *écu d'or soleil* dû sur ledit moulin.

— 290-292 —

14 avril 1626-16 juin 1627. — Trois aveux rendus à noble homme Jacques Le Breton, sgr de la Rouxelière, par les tenanciers du fief de la *Rouxelière* pour divers héritages tenus à devoir de rachat.

— 293 —

12 août 1627. — Sentence rendue à la juridiction de la Maillardière, touchant l'évaluation des redevances en chapons et journées de bian dues par la tenue de la *Merlatière* et réduisant les chapons à 10 sols pièces et les journées de bian à 5 sols.

— 294 —

22 novembre 1627. — Sentence rendue au présidial de Nantes condemnant Jacques Gallière, tuteur des enfants de feu Jean Garreau à réformer l'aveu par lui rendu au seigneur de la Maillardière le 15 décembre 1598 et à y employer la rente de 6 livres dû sur la tenue de la grande *Blanchardière* avec un bian de 4 bœufs, une charette et 1 homme par chaque mois.

— 295 —

12 mai 1628. — Lettres d'appel obtenues au Parlement de Bretagne par le seigneur de la Maillardière (François Gabard), au sujet de la mouvance d'une maison et de 7 septrées de terre sises au tenement de la *Guesdonnière*, prétendues par messire Pierre Lebert, prévost de Vertou contre ledit seigneur de la Maillardière qui n'était pour lors saisi de ses actes, et justifiant que lesdites choses relevaient prochement de sa juridiction de la *Maillardière*, puis mandant enfin au Présidial de Nantes de relever et recevoir ledit seigneur de la Maillardière en la mouvance de ces terres.

— 296-313 —

9 août 1628. — *12 mai 1651* — Dix-huit aveux rendus à demoiselle Jeanne Monnier, veuve de Jacques Le Breton, sgr de la

Rouxelière, les 9 et 10 août 1628, 28 juin 1629, 3 juillet et 16 septembre 1643, 15 juillet 1646, 23, 15, 26, 30 avril, 1er, 9, 16, 20, 24,
26 mai, 27 juillet 1647, 21 mai 1651, par les divers tenanciers
du fief de la *Rouxelière*, sujets au devoir de rachat et à diverses
rentes.

— 314-321 —

20 novembre 1628 — 20 septembre 1691. — Huit aveux rendus
aux seigneurs de la Maillardière, les 20 novembre 1628, 27 mars et
28 août 1647, 7 août 1646, 8 mai 1650, 7 juin 1689, 20 septembre
1691, par Julien Le Huger, René Saupin, Mathurin Vrignaud,
François Valleton, Simon Belot, sieur de la Martinière, et consorts,
pour les divers tenues du fief de la *Merlatière*, en la paroisse de
de Vertou, sujettes dans l'ensemble à 14 livres 5 sols 10 deniers,
et 3 boisseaux 1/2 d'avoine de rente annuelle, plus le devoir de
quintaine et de conduite des prisonniers.

— 322 —

2 décembre 1628. — Aveu rendu au sgr de la Maillardière,
par Jean Lesbaupin pour quelques héritages sis près le village de
la *Grassinnière* en la tenue du *Redraz*, sans désignation de rentes.

323-330

3 février 1629-29 avril 1697. — Huit aveux rendus aux seigneurs de la Maillardière, les 3 février 1629, 10 avril et 28 juin 1647,
14 juin 1650, 15 juillet 1651, 18 avril 1661, 9 avril 1695, 29 avril
1697, par Perrine Meneust, veuve de François Le Roux, Pierre
Lesbaupin, Olivier Saupin, Sébastien Gicqueau et Perrine Jahan,
sa femme, André Croc, Gabriel de Lagasne, Pierre Recoquillé,
Jean Pichaud, maître chirurgien, Pierre Auger et consorts, pour
les diverses tenues du village de la *Guesdonnière* en la paroisse de
Vertou, sujettes à diverses rentes en bled, avoine, chapons, et
deniers monnoie.

— 331. —

16 novembre 1629. — Sentence rendue au présidial de Nantes, condemnant Jean Viau et consorts, du village de la Châsse, à payer à missire René Brossard, prêtre chapelain de la Chapellenie de la Maillardière, desservie à l'autel du *Saint-Sépulcre* en l'église cathédrale de Saint-Pierre de Nantes, 6 septiers de seigle de rente, dus sur la tenue de la *Châsse*, dépendant de la seigneurie de la *Maillardière*.

— 332-334 —

3 février 1632-26 mars 1647. — Trois aveux rendus aux seigneurs de la Maillardière par Simon Lemerle, Jean Gisteau, Honoré et Jean Sautejeau pour divers héritages dépendant de la tenue de la *Furetière* et sujets à diverses rentes froment, avoine, chapons, journées de bian et menues monnoies.

— 335 —

27 février 1632. — Afféagement de la *Coulée du Rocher* consentie par le sgr de la Maillardière à Pierre Delesbaupin moyennant une rente annuelle de 20 sols et 1 chapon.

— 336-346 —

11 mars 1632-6 mai 1697. — Onze aveux rendus aux seigneurs de la Maillardière, les 11 mars 1632, 9 avril 1635, 4 août 1637, 23 août 1640, 12 septembre 1646, 10 juin 1695, 12 juin et 4 décembre 1696, 5 janvier (2) et 6 mai 1697, par Nicolas Leray, Mathurin Delesbaupin, missire Pierre Mesnard, prêtre, chapelain de la Chapellenie des Vizonneaux, Antoine et Jean Porcher, Julien Anizon, et consorts, pour diverses tenues et notamment celle du *Hardaz*, dépendantes du village de la *Grassinière* et sujettes à diverses rentes, en avoines, chapons et menus deniers.

— 347 —

20 août 1634. — Aveu rendu à demoiselle Charlotte de Montauban, dame de Lesbaupin et de la Barbinière, par Mathurin et

Gilles Duteil et consorts pour les tenues de la petite *Bourelière*, de la *Bouterie*, de la *Lande-Guingaud* et de la *Barbinière*, dépendant du fief de la *Bourelière*.

— 348 —

14 janvier 1636. — Arrêt de la Cour condemnant Olivier Borgnet et Georgette Beliard, sa femme, à payer à demoiselle Jeanne Monnier, veuve de Jacques Le Breton, sgr de la Rouxelière, 6 livres monnaies de rente dues par eux sur ce qu'ils possèdent au grand courtil de la *Rouxelière* et quelques autres héritages.

— 349 —

28 mai 1637. — Sentence rendue au Présidial de Nantes entre demoiselle Jeanne Monnier, veuve de noble homme Jacques Le Breton, sgr de la Rouxelière, et messire Jacques Barrin, sgr de la Galissonnière[1], au sujet de la saisie qui avait été apposée par ledit sieur Barrin sur la seigneurie de *Lesbeaupin* relevant de la *Rouxelière*. En vertu de cette sentence il est ordonné que les dites parties jouiront de leurs rentes et se feront servir par leurs vassaux suivant et conformément aux aveux à eux rendus.

— 35o —

17 juin 1637. — Afféagement de divers terrains au fief de la *Rouxelière* consenti par demoiselle Jeanne Monnier, dame dudit lieu à François Desforges, Louis Havard et Julienne Desforges, sa femme, Yves et René Desforges, moyennant une rente annuelle de 9 livres.

— 351 —

5 août 1638. — Contrat de vente consenti par Perrine Meneust, veuve de François Le Roux à Me Gabriel de Lagasne, maître chi-

---

[1] JACQUES BARRIN. — La famille Barrin, qui obtint l'érection en *marquisat* de sa terre de la Galissonnière en 1658, était originaire d'Auvergne et vint s'établir en Bretagne par le mariage de Jean Barrin, marié à demoiselle Anne de Couaisnon, et petit fils de Pierre Barrin, maître d'hôtel du Duc de Bourbon en 1415. Armes : *D'azur à trois papillons d'or.*

rurgien du Roi, du lieu et appartenances de la *Guesdonnière*, à la charge d'en payer les rentes et devoirs et moyennant la somme de 3250 livres.

— 352 —

19 avril 1639. — Afféagement du *Pré de la Croix* contenant 10 boisselées, consenti par le sgr de la Maillardière à Jean Gisteau, moyennant une rente annuelle de 6 livres.

— 353-355 —

12 août 1640-11 juin 1648. — Trois aveux rendus à noble homme Simon Menant, sgr de Lesbaupin et de la Barbinière, par Françoise Geneste, veuve de feu René de Naurois, René Girard, et consorts pour la tenue de la *Lande-Guingaud*, sujette à devoir de 15 sols monnaie et 3 chapons de rente annnelle, dus à la seigneurie de Lesbaupin, plus pour quelques hértages y annexés.

— 356-367 —

19 août 1640-1er août 1645. — Douze aveux rendus à noble homme Simont Menant, sieur de Lesbaupin et de la Barbinière, les 12, 19, et 22 août 1640, 21 août 3 et 21 septenbre 1641, 5 et 22 juin 1642, 24 janvier 1644, 1er août et 11 septembre 1645, par Jeanne Bretin, veuve d'Etienne Lemerle, Julien et Mathurin Hugers, Guillaume Renier, Vincent de Chaillon, Mathurin Huchet, François Saupin et consorts pour les tenues de la *Bourelière*, de la *Pinguerie*, de la *Lande Guingaud*, de la *Benestrie*, de la petite *Barbinière*, de la *Pignonerie*, etc., dépendants du fief de la *Bourelière* et tenus à diverses rentes, consistant en avoines, froment, chapons et menues monnaies.

— 368-370 —

5 septembre et 10 septembre 1640. — Trois aveux rendus à Simon Menant, sgr de Lesbaupin, et la Barbinière par Yves et René Desforges, René et Jean Delesbaupin, Gilles Guilbaud et consorts pour divers héritages sis au fief de la *Rouxelière*.

— 371-385 —

24 juin 1641-8 avril 1709. — Quinze aveux rendus aux seigneurs de la Maillardière les 24 juin 1641, 5 juin 1642, 5 avril et 1ᵉʳ juin 1645, 10 janvier, 6 février et 18 mars 1658, 20 juin 1660, 12 juin, 3 juillet, 30 novembre 1696, 14 janvier et 20 février 1697, 8 avril 1709, rendus par les tenanciers des divers tenues dépendant du village de la *Barbinière,* en la paroisse de Vertou, sujettes dans l'ensemble à 10 livres monnaie de rente et à quelques poulles et chapons et au devoir d'obéissance.

— 386 —

20 septembre 1641. — Aveu rendu à Simon Menant, sgr de Lesbaupin et de la Barbinière par Suzanne Herbaud, veuve de Benoît Gicqueau, pour divers logis et héritages dépendant du fief de la *Benoisterie.*

— 387 —

18 décembre 1642. — Sentence rendue par le sénéchal de Nantes entre demoiselle Jeanne Monnier, veuve de Jacques Le Breton, sgr de la Rouxelière et Simon Menant, touchant le retrait féodal du lieu et appartenances de *Lesbaupin.*

— 388 —

12 février 1642. — Afféagement consenti par demoiselle Jeanne Monnier, dame de la Rouxelière, à messire Pierre Drouet et demoiselle Isabelle Le Breton, sa compagne, du lieu et manoir noble de *Lesbaupin* o toutes ses appartenances, à elle appartenant par retrait féodal à elle adjugé contre Simon Menant, par sentence du Présidial de Nantes du 7 octobre 1641, dont elle a payé et remboursé audit Menant la somme de 10900 livres en principal et 654 livres pour les frais : les dits Drouet et femme, devant en jouir paisiblement à l'avenir, à la charge de relever de la juridiction de la *Rouxelière* à foy hommage et rachat et de payer en outre à la dite dame 5 sols monnaie de rente annuelle.

— 389 —

10 mai 1642. — Accord passé entre écuyer Yves de Monty et dame Suzanne Berland, veuve du seigneur de la Maillardière, par lequel le dit seigneur de Monty consent à ce que la dite dame de la Maillardière soit maintenue dans la mouvance féodale et juridiction des villages de la *Gabardière, Loriondière,* la *Chaussée,* la *Bernardière,* les grandes et petites *Chapelles,* des pièces des *Brosses,* des *Maupas,* des *Retais* et des *Yerettes* et généralement tout ce qui est entre le ruisseau qui descend des *égouts de la forêt de Touffou à la planche de Loiserie et à la Nallière faisant séparation des paroisses de Vertou et Rezay,* et en outre lui a cédé sur la grande et petite *Blanchardière,* paroisse de Vertou cinq boisseaux de froment de rente avec les arrérages du passé et tous les droits de juridiction qu'il pourrait avoir sur les héritages sujets à la dite rente.

— 390 —

5 juin 1642. — Sentence rendue par défaut aux juridictions de la Barbinière et de Lesbaupin et condamnant Gilles Peraud, René Bretin et Perrine Peraud, sa femme, à payer 25 sols monnaie de rente qu'ils doivent sur leurs hébergements de la *Basse-Angeberdière.*

— 391 —

6 juillet 1643. -- Aveu rendu par dame Suzanne Berland[1], veuve de messire François Gabard, écuyer sgr de la Maillardière à demoiselle Jeanne Monnier, veuve de noble homme Jacques Le Breton, sgr de la Rouxelière, pour la métairie noble de la *Gournière* et ses dépendances, tenue à devoir de rachat.

---

[1] SUZANNE BERLAND. — Demoiselle Suzanne Berland, fille de messire Jacques Berland, président aux Enquêtes en 1600 et de demoiselle de Judith de Beaucé, portait pour armes : *D'azur à deux merlans d'argent, l'écu semé d'étoilesd'or.*

— 392 —

10 août 1643. — Aveu rendu à dame Suzanne Berland, dame de la Maillardière, par demoiselle Jeanne Monnier, veuve de noble homme Jacques Le Breton, sgr de la Rouxelière, pour le fief et juridiction de la *Rouxelière* avec ses appartenances et dépendances haute, moyenne et basse justice, tenu à devoir de rachat, qui aurait été abolly (*sic*) à la somme de 5o livres par le sgr de la Maillardière.

— 292 —

28 mai 1645. — Aveu rendu au seigneur de la Maillardière par Julien et Thomas Dutay pour 17 boixellées de terre sises en la pièce de la *Douve,* sujettes à leur part de rente de 3 chapons et demi et pour la tenue de la *Coëfferie* sujette à une rente de 5 sols monnaie.

— 394 —

13 janvier 1646. — Arrêt du Parlement de Bretagne rendu entre dame Suzanne Berland, veuve d'écuyer François Gabard, sgr de la Maillardière, et demoiselle Jeanne Monnier, veuve de Jacques Le Breton, Pierre Drouet et Isabelle Le Breton, sa femme, déboutant ces deux derniers de leur opposition à l'aveu présenté par ladite dame Berland et ordonnant qu'elle jouira de son droit de passage auprès de *Lesbaupin.*

— 395 —

28 février 1646. — Aveu rendu au seigneur de la Maillardière par Albert Billy[1] et Jeanne de Charette[2], sa compagne, sgr et dame de la Briançais, pour quelques héritages sis au *Clos de la Mouzière,* et

---

[1] ALBERT BILLY. — Famille originaire de la paroisse de Fay, au diocèse de Nantes, portant pour armes : *D'or à la croix alésée d'azur.*

[2] JEANNE DE CHARETTE. — Illustre maison bretonne originaire du Comté Nantais et portant pour armes : *D'argent au lion de sable, armé et lampassé de gueules, accompagné de 3 canettes de sable 2 et 1, membrées et becquées de gueules.*

au *Clos du Rocher* dans lequel il y a un moulin pour lequel est dû une *maille d'or* et le devoir de rachat, au *Clos Doussin* et autres héritages tenus à devoir d'obéissance avec le devoir de *quintaine*.

— 396 —

23 août 1646. — Aveu rendu à dame Suzanne Berland, dame de la Maillardière par écuyer René de Moucheron, sgr du Val[1] pour quelques maisons et héritages sis au village du *Chesne*, tenus à devoir d'obéissance, et pour un moulin à vent tenu à devoir de rachat.

— 397 —

16 juin 1647. — Aveu rendu au sgr de la Maillardière par Sébastien Meneust et Michelle Porcher, sa femme, pour quelques héritages en la tenue de l'*Oriondière* sujets au devoir d'obéissance.

— 398-399 —

20 février 1647-27 février 1651. — Deux aveux rendus aux seigneurs de la Maillardière pour quelques héritages sis au fief de la *Papinière* en Vertou et tenus à 4 sols de rente annuelle,

— 400 —

4 avril 1647. — Arpentage et mesurage du fief de la *Grande Blanchardière* et ses dépendances faits par M⁰ Letron, cordeur royal, qui lui a trouvé, comme contenance 5r6 boixellées de terre faisant 23 septrées et 1 quart, à compter 16 boisseaux par chaque septrée.

— 401 —

20 mai 1647. — Sentence rendue au Présidial de Nantes et condamnant Jean Monnier, huissier audit Présidial et sgr de Bonacquêt, à rendre aveu à la seigneurie de la Maillardière pour les héritages qu'il possède au fief de la petite *Blanchardière*.

---

[1] RENÉ DE MOUCHERON. — Très ancienne famille, originaire de Normandie et portant pour armes : *D'argent à la fleur de lys d'azur, faillie ou séparée par le milieu et détachée de toutes parts.* Devise : ***Altum alii teneant.***

— 402 —

22 août 1647. — Sentence rendue en la juridiction de la Barbinière et de Lesbeaupin condamnant Georges Buron, Gilles Perraud, Pierre Bretin et consorts à payer les arrérages de 25 sols monnoie de rente qu'ils doivent sur la tenue de la *Basse-Angeberdière*.

— 403 —

20 octobre 1647. — Quittance consentie par Simon Menant, sgr de la Barbinière à Georges Buron et consorts d'une somme de 9 livres pour 6 années d'arrérages, à raison de 25 sols monnoie de rente dus sur la tenue de l'*Angeberdière*.

— 404-408 —

7 novembre 1647-7 février 1710. — Cinq aveux rendus aux seigneurs et dames de la Maillardière les 7 novembre 1647, 17 janvier et 27 juillet 1648, 28 février 1651 et 8 février 1710 par Jean Monnier, huissier au présidial de Nantes, Simon Belot, sieur de la Martinière, Jean Richard et Michelle Belot, sa femme, Marguerite Febvre épouse d'Etienne Charron, sieur de la *Jourdonnière* pour les terres, maisons, jardins et appartenances de Bonacquêt, sis en la paroisse de Vertou.

— 409 —

8-14 juin 1648. — Accord passé entre messire César d'Estrées, prieur commandataire de Vertou et le seigneur de la Maillardière reconnaissant audit seigneur prieur, le droit de jouir de la mouvance de 131 boixellées de terre, moins 1/2 de boixellée au village de la *Guesdonnière*, et au seigneur de la Maillardière le reste des rentes dudit village.

Et en vertu d'une autre accord du 8 juin 1648, annexé à ladite pièce, ledit seigneur de la Maillardière, devra jouir désormais du droit de pescherie en la Rivière de Saivre (Sèvre), depuis le *Pré Leconte*, sis ès-appartenances de la Prévosté de Vertou, jusqu'à l'estier de la *Rouxelière*, iceluy compris, moyennant quoy, le seigneur de la Maillardière se désiste au profit du seigneur Prévost de Vertou, de tous les droits qu'il pouvait avoir dans la *Chaussée Bothereau*.

— 410 —

19 décembre 1648. — Accord entre le seigneur de la Maillardière et demoiselle Marie Foussier[1], veuve de noble homme Marc Serizay, sgr et demie du Portereau[2], par lequel ladite dame du Portereau, se désiste des droits de prééminences qu'elle disait avoir en l'église Vertou et confirmant au seigneur de la Maillardière le droit de pesche dans l'estendue du cours de la rivière de Sayvre sans que ladite dame du Portereau y puisse pescher ou faire pescher.

— 411-412 —

3 janvier-11 mars 1649. — Deux aveux rendus au seigneur de la Maillardière par Mathurin Buron Julien et Pierre Guichet et consorts pour divers héritages sis en la tenue de la *Blanchardière* consistant en vignes et terres de labour et sujets à diverses rentes en chapons, menue monnaie boisseaux d'avoine et journées de bian.

— 413 —

8 mars 1649. — Sentence au présidial de Nantes accordant aux sgrs de la Maillardière le droit de faire bâtir et élever dans la *lande de Belleville* une justice et fourche patibulaire à 3 piliers de pierre, et un cep à collier, au village du *Chesne* dans son ancien emplacement.

— 414 —

8 juin 1649. — Afféagement consenti par le sgr de la Maillardière à Pierre Maisonneuve de trois boisselées de vignes aux *Basses-*

---

[1] Marie Foussier. — Famille originaire d'Anjou et portant pour armes : *D'azur à trois trèfles d'or.*

[2] Marc Serizay. — Famille originaire d'Anjou, qui a fourni : écuyer Jean Serizay, échevin de Nantes et auditeur des Comptes en 1637. Armes : *D'argent à la fasce de sable.*

Pommeraye moyennant 1 rente annuelle de 2 chapons et le devoir de rachat.

— 415 —

15 juin 1649. — Afféagement consenti à Jean Delesbaupin et Denis Ravizé du *Clos des Longeais*, près la métairie du *Vigneau*, contenant 55 boisselées, et de 3 boissellées sis aux fief des *Nallières* à la charge d'en payer le rachat et 59 boisseaux de froment de rente annuelle.

— 416 —

22 septembre 1649. — Afféagement de 16 boisselées de terre en la pièce du *Patis de La Lande* consenti par le sgr de la Maillardière à Jacques et Pierre Pontchâteau, à la charge de payer le rachat et 16 boisseaux de froment de rente.

— 417 —

22 septembre 1649. — Afféagement de 16 boisselées de terre dans la terre de la *Nallière* consenti par le sgr de La Maillardière à Mathurin Angebault, à la charge d'en payer le rachat et 8 boisseaux 1/2 de froment de rente.

— 418 —

22 septembre 1649. — Afféagement de 6 boisselées de terre au *Patis de la Lande*, consenti par le sgr de la Maillardière à François Le Merle à la charge d'en payer le rachat et 8 boisseaux de froment de rente.

— 419 —

22 septembre 1649. — Afféagement de deux cantons de terre dans la pièce du *Taillis-des-faux* contenant 35 boisselées, consenti par le sgr de la Maillardière à Olivier et Julien Tailley, à la charge d'en payer le rachat et 42 boisseaux de bon froment de rente annuelle.

— 420 —

4 mars 1650. — Accord entre écuyer Phillippe Gabard, seigneur de la Maillardière, et Jacques et Jean Gallière qui se sont engagés à lui payer désormais 60 sols de rente annuelle plus 5 boisseaux de froment au lieu et place des journées de bian et corvées, 6 livres de rentes et 4 chapons qu'ils lui devaient sur la tenue de la *Grande Blanchardière*.

— 421 —

8 mars 1650. — Afféagement du *Closet du Moulin*, contenant 9 boisselées consenti par le sgr de la Maillardière à René Delesbaupin, à la charge d'en payer le rachat et 9 boisseaux de froment de rente.

— 422 —

17 mai 1650. — Afféagement du clos de vigne du *Soulet*, contenant 27 boisselées consenti par le sgr de la Maillardière à Pierre Dutay, à la charge d'en payer le rachat et 15 livres tournois de rente.

— 423 —

18 décembre 1650. — Aveu rendu à messire Philippe Gabart, écuyer, sgr de la Maillardière, par François Rebion, sergent royal, pour divers héritages sis au jardin de la *Chantelerie* et au *Clos des Vergers* en la tenue de la *Coifferie*, tenus à devoir de sa part de 5 sols monnoie et 3 chapons 1/2 de rente avec les tenanciers de la Coifferie.

— 424-427 —

26 janvier 1651-12 juin 1696. — Quatre aveux rendus au seigneur de la Maillardière les 26 janvier 1651, 12 février 1656, 23 octobre 1694 et 12 juin 1696 pour diverses tenues dépendant du fief des petite et grande *Blanchardière* par les tenanciers du dit village, lesquelles sont sujettes à diverses redevances en chapons, menue monnaie et journées de bian.

— 428 —

16 février 1651. — Afféagement d'un canton de terre nommé les *Petites-Landes* et d'un autre nommé la pièce de la *Saudre* contenant 30 boisselées et 2 tiers, consenti par le sgr de la Maillardière à Sébastien Collet à la charge d'en payer le rachat et 4 septiers de froment de rente.

— 429 —

9 avril 1651. — Aveu rendu au sgr de la Maillardière par Denis Cormerais pour quelques maisons et héritages sis en la maison de la *Haute-Noë* et tenus à obéissance.

— 430 —

2 juin 1651. — Aveu rendu par écuyer Philippe Gabard, sgr de la Maillardière à demoiselle Jeanne Monnier, veuve de noble homme Jacques Le Breton, pour le lieu et métairie noble de la *Gournière*, relevant à foi hommage et rachat de la juridiction de la *Rouxelière*, et tenue à 28 septiers 12 boisseaux de froment, 23 livres de rente annuelle.

— 431-432 —

12 juin 1651-5 janvier 1697. — Deux aveux rendus aux seigneurs de la Maillardière par Julien-Olive-Jean Vizonneau et consorts, pour le lieu noble et dépendance de la *Gournière* contenant 438 boissellées de terres à 27 septiers et 6 boisseaux de froment et 21 livres dix sols de rente annuelle.

— 433-434 —

19 avril et-8 novembre 1652. — Payement judiciel fait devant le Senéchal de l'Archidiaconné de Nantes par Maître Louis Bérard, adjudicataire de la maison et appartenances de *Lesbaupin* pour la somme de 17650 livres, au moyen duquel paiement il sera mis en possession de la dite maison.

Certificat de payement des lods et ventes faits par ledit Bérard le 8 novembre 1652.

— 435-436 —

12 juin 1652-15 octobre 1656. — Deux aveux rendus à messire Philippe Gabard, écuyer sgr de la Maillardière, par Renée Cosson, veuve de Jacques Gerveau et Sébastienne Niget, veuve de Michel Aubin, sgr du Jaunay, pour 19 boisselées de terre sises proche le village des *Cartrons* et sujettes à quelques rentes en argent et menue monnaie.

— 437 —

1er juillet 1654. — Acte par lequel maître Louis Bérard, sgr de Lesbaupin, reconnaît au sgr de la Maillardière le droit de chemin et passage libre pour la conduite des bestiaux dans 5 journées de pré qui lui appartiennent dans la pré de *Lesbaupin,* suivant l'acte de transaction du 17 février 1534 et l'arrêt de la cour du 13 janvier 1646.

— 438 —

5 mars 1657. — Vente des fiefs et seigneuries de *Lesbaupin* et de la *Barbinière,* en la paroisse de Vertou, consentie à écuyer Philippe Gabard, sgr de la Maillardière, pour la somme de 11 mille livres par noble homme Jacques Fruneau et demoiselle Françoise Menant, sa femme.

— 439 —

17 avril 1667. — Arrêt de la Cour défendant à toutes sortes de personnes de pêcher sur la rivière de Sèvres en l'étendue des terres et fiefs du sgr de la *Maillardière,* ni de chasser avec chiens, ni autrement sur lesdites terres sous peine de poursuites.

— 440 —

19 avril 1657. — Arrêt de la Cour condamnant maître Louis Bérard, sieur de Lesbaupin, à faire démolir les fossés qu'il avait fait faire au passage conduisant au pré du sgr de la Maillardière.

— 441-446 —

8 août 1657-1er juillet 1610. — Six aveux, rendus aux sgrs de la Maillardière les 8 août 1657, 15 juin 1658, 7 août 1660, 20 février 1697, 25 juin et 1er juillet 1710 par Pierre Lamy, Jean Sorin sieur de la Ferrière, Pierre Le Merle, notaire Royal, Mathurin Teillais, Martin Bouilly, Françoise Le Merle, veuve de Simon Jourdan, procureur au présidial de Nantes pour les tenues des petite et grande *Bourelière*, de la *Benestrie*, de la *Lande Guingaud* du *Chesne* etc., sujettes aux devoirs d'obéissance, et à diverses rentes en avoine, froment, chapons et menues monnaies.

— 447 —

19 décembre 1657. — Procès-verbal fait par François Guichard, sgr de Martigné, conseiller au Parlement de Bretagne, touchant les chemins conduisant de *Lesbaupin* à la *Rouxelière* et dressés à la requête de la Maillardière contre Louis Bérard, sieur de Lesbaupin, qui est condamné à les rendre libres et raccommoder dans un délai de 6 semaines, faute de quoi le sgr de la Maillardière pourra y mettre des ouvriers au frais du sieur Bérard.

— 448-450 —

5 janvier 1658 — 17 juin 1701. — Trois aveux rendus aux seigneurs de la Maillardière les 5 janvier 1658, 8 juin 1697 et 17 juin 1701 par Simon Belot, sgr de la Martinière, Julien Belot, sieur de la Bourelière et les enfants du dudit Julien pour divers logis et héritages sis au fief de la *Benoislerie*, paroisse de Vertou.

— 451-453 —

15 janvier 1658 — 4 décembre 1696. — Trois aveux rendus au sgr de la Maillardière, par les tenanciers du village de la *Barbinière* pour divers tenues et héritages en dépendant et tenu à à diverses rentes en froment, poules, chapons, menue monnoie journées de bian et devoir d'obéissance.

— 454 —

15 janvier 1658. — Afféagement de 3 boixellées de terre et un logement, sises au village de la *Haute-Angeberdière*, consenti par le sgr de la Maillardière, à M° Pierre Maisonneuve, notaire royal, à la charge d'en payer sa part de 25 sols monnaie de rente et sa part de 4 chapons dus sur la *Haute-Suzeraine Angeberdière*.

— 455

18 janvier 1658. — Quittance consentie par demoiselle Jeanne Monnier, dame de la Rouxelière, à Gilles et Louis Guilbaud et consorts, qui lui ont payés 5 livres, 4 sols, 19 deniers et 1 poule jaune de rente, appelée la rente de *Landais*, due à la seigneurie de la *Rouxelière* sur certains héritages sis audit fief.

— 456

7 février 1658. — Accord entre le sgr de la Maillardière et noble homme Louis Berard, sgr de Lesbaupin, par lequel celui-ci promet et s'oblige de garantir de tous empêchemens un chemin et passage sis entre les terres de Lesbaupin et de la Rouxelière par lequel le sgr de la Maillardière ses hoirs et cause ayans, seigneurs dudit lieu, puissent à l'avenir faire conduire et amener avec bœufs et charrettes, les foins et herbes croissant dans 5 journaux de pré qui lui appartiennent dans la grande prée de Lesbaupin et icelluy foin faire conduire et rendre ou bon lui semblera sans en être empesché.

— 457 —

21 février 1658. — Acte par lequel le sgr de Maillardière consent à ce que Jean Saupin tienne ses vignes du clos de la *Gournière* à devoir de quart et 2 chapons et ses vignes des *Nouelles du Moulin* à devoir de tiers.

— 458 —

22 août 1658. — Sentence rendue au Présidial de Nantes et condamnant dame Jeanne Monnier à restituer au sgr de la Maillardière la somme de 1600 livres qu'il lui avait payée pour les rentes de la terre de *Lesbaupin.* Par acte du 17 février avec les intérêts d'icelle.

— 459 —

4 mars 1659. — Sentence rendue en la juridiction de la Maillardière condamnant Mathurin Le Huger, Guillaume Brossard et consorts à payer 8 chapons plus le devoir de quart à raison d'un chapon par planche de vigne pour le canton de vigne des *Hautes-Pommerayes* en Vertou.

— 460-463 —

30 novembre 1659-23 octobre 1694. — Quatre aveux rendus aux sgrs de la Maillardière le 30 novembre 1659, 18 août 1690, 6 septembre 1694, et 30 octobre 1694 par Jean Berthelot, écuyer Julien de Moucheron, sgr de Bougon, de la Pichonnais, messire Clément Girard, prêtre, et consorts, pour les diverses tenues du fief et village de la *Lande-Guingaud,* sujettes à diverses rentes en avoines, blés, poules, chapons, et devoirs de quintaine.

— 464 —

30 avril 1661. — Contrat de vente consenti par Simon Menant, sgr de la Barbinière à André Le Roy, moyennant une rente annuelle de 7 livres, 10 sols, des mazières et emplacements, autrefois appellés le logement du *Pressoir de la seigneurie de la Barbinière,* sis au village dudit lieu et à la charge de payer à ladite juridiction de la Barbinière le rachat quand le cas y advient et 12 deniers monnoie de rente.

— 465 —

13 janvier 1662. — Contrat de vente consenti par dame
Claude de Launay, épouse de messire René de la Baudinière, sgr
de Senecé, lieutenant de l'artillerie du château de Nantes, et demoiselle Elizabeth Le Breton, veuve de messire Pierre Drouet à
noble homme Guillaume Roger, sgr de la Beauce, des fiefs et juridictions de la *Rouxelière* et de *Lesbaupin*, avec droit de haute
moyenne et basse justice, et toutes leurs dépendances, moyennant
la somme de 18 mille livres à la charge de relever à foi; hommage
et rachat de la seigneurie de la Maillardière.

— 466 —

1er septembre 1662. — Contrat d'échange par lequel Catherine
Constant, veuve de Julien Dutay a cédé au sgr de la Maillardière
3 cantons de terre contenant 69 gaulles, sis en la pièce des *Rouxe-*
lières et a reçu en échange un terrain de 69 gaulles en la pièce du
Pâlis de la Rouxellière à la charge d'en payer les rentes et rachat
et de relever de la seigneurie de la Maillardière.

— 467-472 —

2 octobre 1663-9 décembre 1708. — Six aveux rendus au sgr de
la Maillardière, les 2 octobre 1663, 6 juillet 1669, 22 juillet et 20
août 1697 et 9 décembre 1708, par demoiselle Julienne Jamin,
veuve de noble homme Jacques d'Espinoze, André Conan, Michel
Macé, Denis Beziau, Julien Denis, Michel, Julien Le Roux et consorts, pour diverses maisons et héritages sis en la tenue de la
Rouxelière et sujets à quelques redevances en poules, chapons,
menus deniers, oies, devoir de rachat et devoir de *quintaine.*

— 473 —

18 décembre 1663. — Afféagement des grands taillis des *Mal-*
lerottes, contenant 92 boixellées, consenti par le seigneur de la

Maillardière, à Ollivier et Julien Teillis et consorts, à charge d'en payer 5 septiers et 6 boisseaux de seigle de rente annuelle.

— 474 —

18 décembre 1663. — Afféagement d'une pièce de terre de 6 boixellées 2/3, consenti par le seigneur de la Maillardière à Honoré Sautejeau et consorts, moyennant une rente de 7 septiers de seigle.

— 475-476 —

15 juillet 1664-30 mars 1665. — Deux arrêts de la Cour, par lesquels Pierre Couperie, sgr du Portereau, est condamné à payer au sgr de la Maillardière 40 livres de dommages et intérêts pour la destruction de certains filets du seigneur et 5 livres par semaine pour avoir entravé sa pêche depuis le 24 août 1663 jusqu'au 15 juillet 1664.

— 477 —

16 mars 1665. — Aveu rendu au sgr de la Maillardière par demoiselle Madeleine Boysnard, veuve de Louis Bérard, pour la maison noble de *Lesbaupin* et ses dépendances, tombées en rachat par suite du décès dudit Bérard.

— 478 —

7 septembre 1665. — Sentence rendue par Pierre Beschard, écuyer, sgr du Coudray, conseiller du Roi, alloué lieutenant-général civil et criminel de Rennes, maintenant dame Marie Couperie, veuve du sgr de la Maillardière et tutrice de leurs enfants, en la possession du droit de haute, moyenne et basse justice dans tous les fiefs de la seigneurie de la *Maillardière*, et des droits de *quintaine*, chasse, pêches et autres.

— 479 —

15 mai 1666. — Arrêt de la Cour défendant à toutes sortes de personnes de troubler les officiers du sgr de la Maillardière dans l'exercice de leur charge et fonctions sous peine de poursuites.

— 480 —

10 octobre 1678. — Déclaration faite, par dame Marie Couperie, veuve du sgr de la Maillardière, à messieurs les commissaires de la Réformation des domaines du Roi de la métairie neuve de la *Chunetière* et ses dépendances, des fiefs, court et juridictions de la *Rouxelière* et de *Lesbaupin* qui ont droit de haute, moyenne et basse justice et de ceux de *Lesbaupin* et de la *Barbinière* avec droits de moyenne et basse justice.

— 481 —

9 août 1679. — Sentence rendue par les commissaires du Roi pour la Réformation des domaines de Sa Majesté en Bretagne, ordonnant que messire Charles de Monti, écuyer, sgr de la Maillardière, et dame Marie Gabard, son épouse, ne pourront jouir à l'avenir du droit de pasnage et pâturage dans la forêt de *Touffou* et que leurs droits d'exemption pour un sergent dans la paroisse de Rezé demeureront rayés.

— 482 —

4 juin 1688. — Aveu rendu au sgr de la Maillardière par François Charruau, sgr de la Châteigneraye pour quelques héritages proches le village de la *Haute-Noë*, et aux environs, tenu à devoir d'obéissance ; plus, pour d'autres héritages sis au *Clos de la Minée* et de la *Haye du Poirier* sujet à devoir de 4 livres 18 sols de rente pour raison de la tenue de la petite *Blanchardière* plus 4 livres 15 sols pour raison de la grande *Bourelière.*

— 483 —

13 août 1689. — Arrêt du Parlement de Bretagne ordonnant que dame Magdeleine Boysnard, veuve de noble homme Louis Bérard, et consorts feront démolir les murailles et fossés qu'ils avaient construits à nouveau sur le bord de la rivière de Sèvres pour empêcher les pêcheurs du sgr de la Maillardière dans ladite rivière et lui donneront un chemin libre pour servir les prairies de Lesbaupin et permission au sgr de la Maillardière d'y mettre au besoin des ouvriers à leurs frais et dépens.

— 484 —

12 juin 1696. — Aveu rendu au sgr de la Maillardière, par Antoine et Jean Porcher, pour 5 boisselées de terre sises au *Clos de la Septrée* et tenus à leur part de 12 sols monnaie de rente annuelle.

— 485-488 —

12 juin 1696-20 août 1697. — Quatre aveux rendus aux sgrs de la Maillardière les 12 juin 1696 et mai ; 30 juin et 20 août 1697 pour les diverses tenues du fief des *Landes*, sujettes à diverses rentes en poules, chapons, menus deniers et devoirs d'obéissance, plus le devoir de *Quintaine* et de conduite des prisonniers.

— 489-491 —

12 juin 1696-6 mai 1697. — Trois aveux rendus au seigneur de la Maillardière par Antoine et Jean Porcher, Jean Vizonneau, Julien Anizon pour divers héritages sis en la tenue des *Coustaux* et tenus à 30 boisseaux de rente annuelle, plus le devoir de *Quintaine*.

— 492 —

17 novembre 1696. — Aveu rendu au seigneur de la Maillardière, par Honoré Delesbaupin et consorts pour divers héritages sis ès tenues de la *Bitière*, *le Haut-Crevy*, *la Furetière*, *la Fillaudrie*, *Landuere*, *la Chasse*, *Lertaudière*, *le Rocher*, à diverses redevances en froment, seigle, avoine, journée de bian et chapons.

— 493 —

6 mai 1697. — Aveu rendu au sgr de la Maillardière, par Julien Anizon pour quelques héritages sis en la tenue de la *Ruauderie* et tenus à devoir de 8 sols 4 deniers de rente annuelle.

— 494 —

28 août 1697. — Aveu rendu au seigneur de la Maillardière par Antoine Porcher pour ses héritages du fief de la *Blanchardière*, sujet à 4o sols monnaie, 2 chapons et une autre part de 3o sols monnaie de rente annuelle ; pour la tenue du *Hardaz*, tenue à 20 sols monnaie et 4 chapons de rente dont il doit sa part et pour la tenue de la *Grassinière* dont il doit aussi sa part de 11 sols monnaie de rente.

— 495 —

14 juillet 1708. — Aveu rendu au seigneur de la Maillardière par Jeanne Joyau, veuve de François Gerard, pour divers héritages sis ès fiefs de la *Lande Guingaud* et la petite *Blanchardière* tenus : les premiers à devoir de 15 sols monnoie et 3 chapons de rente, et les autres à 4o livres, 3o sols et 2 chapon avec le devoir de *Quintaine*.

— 496 —

4 décembre 1711. — Afféagement de 11 boixelées de terre en en frosts et gasts au clos des *Jeunes-Nallières*, consenti par le seigneur de la Maillardière à Jeanne Recoquillé, veuve de Pierre Pichaud, moyennant un sol de rente.

— 497 —

20 juin 1712. — Afféagement du clos de vigne de *L'Orserie* contenant 6o hommées, consenti par le sgr de la Maillardière à Pierre Lemerle et consorts moyennant le devoir de 1/4 et 2 chapons.

— 498 —

6 janveir 1716. — Afféagement de trois clos de vigne, nommés : les *Jeunes-Nallières*, consenti par le sgr de la Maillardière, à Pierre Gautier et consorts moyennant le devoir de 1/4 et 1 sol par hommée.

— 499 —

28 janvier 1716. — Afféagement d'un clos de vigne de 100 nommées aux *Jeunes-Nallières*, consenti par le sgr de la Maillardière à Honoré Duteil, Gilles Mauras et consorts moyennant le devoir de 1/3 et 6 chapons de rente, apprécié à 12 sols chacun.

— 500 —

5 novembre 1717. — Déclaration faite par Antoine Massé qui reconnaît devoir aux sgrs de la Maillardière 2 chapons de rente, sur trois boisselées de terre dont une partie compose à présent 1 pré nommé *les Pommerayes*, laquelle rente il promet lui payer chaque année à l'avenir.

TITRES

DE LA

PAROISSE DE REZÉ

— 5o1 —

4 novembre 1403. — Aveu rendu à dame Jeanne Bourigan, dame de la Maillardière[1], par Sylvestre de Rezay, chevalier, pour tout ce qu'il tient et possède en la paroisse de Rezay, entre le *Chesne de la Chaussée*, le ruisseau de la *Planche-Imbert*, la *forest de Touffou* et la *rivière de Loire*, avec sa juridiction, droit d'épaves et gallois, le tout tenu à devoir de rachat, sauf et excepté l'herbergement de Rezay, et deux clos de vigne nommés *les Bois-de-Rezay* avec les rentes à lui dues sur iceux.

— 5o2 —

17 janvier 1425. — Aveu rendu à messire Briant Maillard, chevalier, sgr de la Maillardière, par Etienne Fresneau et Martin Ertaud pour un hébergement et ses appartenances, sis au fief des *Chapelles* et tenu à devoir de 6 boisseaux d'avoine, 8 sols, 12 deniers et 6 mailles de rente annuelle.

— 5o3 —

20 août 1426. — Aveu rendu à messire Briand Maillard, chevalier, sgr de Rezay par Etienne Dutay, pour trois boisselées de terre

---

[1] JEANNE BOURIGAN. — Ancienne et illustre maison remontant au XIIIe siècle et qui eut pour berceau la terre du *Pé*, en la paroisse de Saint-Jean de Boiseau au diocèse de Nantes, dont elle a souvent porté le nom. Armes : *De gueules à 3 lionceaux d'argent.*

sises en la *Sauzaye de la Croix*, proche *L'Aufraire*, plus quatre septrées de terre proche ladite *Aufraire*, sur quoy est dû 9 sols de rente annuelle, à parfaire plus grande somme, deux boisseaux 1/2 de froment plus un denier 2 sols, le tout à parfaire plus grand nombre de rentes.

— 504 —

2 octobre 1455. — Aveu rendu à écuyer François Maillard, sgr de la Maillardière, par écuyer Guillaume Le Roux, sgr de Fromenteau pour tout ce qu'il possède en la paroisse de Rezé entre le *Chesne de la Chaussée* le ruisseau de la *Planche-Embert*, la *Forest de Touffou* et la *Rivière de Loire*, avec juridiction seigneuriale et obéissance, droit d'épaves et gallois, le tout tenu à devoir de rachat sauf pour son herbergement de la *Chaussée* sur lequel il lui est dû 14 sols de rente annuelle, et le pressoir dudit lieu, servant aux besoins du presbytère, avec deux Clos de vigne nommés : les *Bois-de-Rezay*.

— 505 —

4 octobre 1457. — Aveu rendu à écuyer François Maillard, sgr de la Maillardière, par Alain Clergeau, et Jeannette Agaîsse, sa femme, Estienne Coiffé et Guillemette Agaîsse, sa femme, et consorts pour l'herbergement et dépendances de la *Bernardière* tenu à 36 livres 12 deniers 5 sols et 2 chapons de rente annuelle.

— 506 —

4 octobre 1465. — Acte par lequel messire François Maillard, écuyer et sgr de la Maillardière, a baillé et transporté à écuyer Jean Prezeau, sgr de la Roche de Gestigné, l'ostel, herbergement et métairie de *Laufraire* et leurs dépendances, l'herbergement de la *Petite-Aufraire*, l'herbergement *de Préaulx* et ses appartenances, sis en la paroisse de Rezay avec plusieurs rentes tant en argent que froment et chapons, pour en jouir et disposer, à la charge dudit sgr de la Maillardière, pour affranchir et récupérer les dits héritages

dans trois ans prochains d'en payer au dit Prezeau[1] la somme de
905 livres monnoie.

— 507 —

8 mars 1471. — Ecuyer François Maillard, seigneur de la Maillardière, reconnaissant devoir à Guillaume Ferron, écuyer et seigneur de Souché[2], 47 livres 10 sols de rente, lui transporte et assigne
les herbergements et métairies de *Laufraire*, de *Préaulx* et de *Loriondière* avec les rentes y attachées, pour en jouir comme de son
propre héritage.

— 508 —

10 février 1511. — Obligation de 17 sols de rente annuelle consentie par Thomas Gautier et consorts envers les seigneur et dame
du Palletz en Rezay; laquelle rente avait été transportée jadis par
maître Pierre Clergeau qui l'avait hypothéquée sur une pièce de
terre de 20 boissellées en la tenue des *Chapelles*, à nobles gens
Michel Cussonneau et Anne de Villeneuve, sa compagne, sgr et
dame Pallets en Rezay.

— 509 —

Avril 1515. — Lettres patentes de François 1er, roi de France,
permettant à messire Pierre Ferron, écuyer, seigneur de Souché et
de la Maillardière, de faire édifier et construire en ses seigneuries
et juridictions de Souché et de la Maillardière, une justice avec
trois piliers à chacune d'elles.

[1] JEAN PREZEAU. — Famille ancienne du comté Nantais, en la paroisse des
Forges, connue depuis messire Eonnet Prezeau, maître de la Monnaie de Nantes
en 1420. Armes : *D'azur à la croix pleine,* (aliàs : *au sautoir engreslé*), *d'argent, accompagné de 4 coquilles de même.*

[2] GUILLAUME FERRON. — Ancienne et illustre maison chevaleresque, originaire
de la paroisse de Calorguen, évêché de Saint-Malo, et portant pour armes ;
*D'azur à six billettes d'argent, 3, 2, 1 : au chef de gueules, chargé de trois
annelets d'or.* Devise : *In hoc ferro vinces.*

— 5io —

1ᵉʳ mars 1520. — Aveu rendu à Messire Pierre Ferron, écuyer, sgr de Souché, et la Maillardière, par René de la Boucherie[1], écuyer, sgr de Rezay et de Fromenteau, pour son herbergement de la *Chaussée* de toutes ses appartenances et dépendances avec droit de juridiction seigneuriales, obéissance, épaves et gallois, le tout s'étendant en la paroisse de Rezay entre le *Chesne de la Chaussée,* le ruisseau de la *Planche-Embert,* la *Forest de Touffou* et la *Rivière de Loire.*

— 5ıı —

12 décembre 1520, — Lettres patentes de François Iᵉʳ, roi de France confirmant messire Pierre Ferron, seigneur de *Souché* et de la *Maillardière* dans le droit d'édifier une justice à trois piliers sur chacune desdites seigneuries.

— 5ıa —

27 juin 1533. — Minu rendu à messire François Gabard, écuyer, sgr de Maillardière, par escuyer René de la Boucherie, sgr dudit lieu, pour jouir du rachat à lui advenu, par suite du décès de feu messire René de la Boucherie, son père, d'une maison et d'un pressoir sis au bourg de *Rezay,* d'une maison de terre nommée le *Clos Saint-Martin,* du Clos des *Bonnes femmes* et des *Clos des Cabessières,* des *Bourderies* et de *Retz,* plus d'une somme de ₂5 livres de rente, lui dues pour un devoir de *Coutusme* sur tous les vins qui passent et sont conduits du bourg de Rezé à la Rivière de Loire à raison de ₂ deniers par chacune pipe de vin.

— 5ı3 —

4 mai 1537. — Hommage rendu à messire François Gabard, seigneur de la Maillardière par écuyer René de la Boucherie pour

---

[1] Rᴇɴᴇ́ ᴅᴇ ʟᴀ Bᴏᴜᴄʜᴇʀɪᴇ. — Très vieille famille du comté Nantais, originaire de la paroisse de Vallet, au diocèse de Nantes et portant pour armes : *D'azur au cerf passant d'or colleté d'hermines.*

tout ce qu'il tient et possède dans la paroisse de Rezay et autres lieux ciconvoisins relevant de la seigneurie de la *Maillardière*.

— 514-515 —

3 juin 1538. — Deux aveux rendus à écuyer François Gabard sgr de la Maillardière, 1° par Julien Bureau : pour une maison et ses dépendances, nommée la *Sauvagerie*, sise au tenement des *Chapelles*, pour l'*Ousche de Fromenteau*, tenue à devoir de 4 septiers de seigle et 51 sols monnoies de rente et l'*Ousche de la Robinière*, tenue à devoir de 8 septiers de seigle, plus le devoir de *quintaine* et la geolle du prisonnier ; 2° par Jean Ertaud et Michel Sorin pour divers héritages sis au même lieu que ci-dessus et tenus aux mêmes devoirs.

— 516 —

3 juin 1538. — Aveu rendu à écuyer François Gabard, sgr de la Maillardière, par Guillaume, Jean, Pierre et Etienne les Ollive, pour une pièce de terre nommée la *Bretinerie*, tenue à devoir de 8 sols monnoie et 2 chapons de rente, et pour d'autres héritages sis au tenement des *Chapelles*, sur lequel est dû 4 septiers de seigle, 25 sols et 2 chapons de rente annuelle.

— 517 —

5 juin 1538. — Aveu rendu à écuyer François Gabard, sgr de la Maillardière, par Thomas et Guillaume Périgaud pour divers héritages sis et tenus de la *Robinière* de la petite *Aufraire* et de la *Bernardière* et tenus en diverses rentes en seigle, froment, chapons et menues monnaies.

— 518 —

8 mai 1540. — Aveu rendu à écuyer François Gabard, sgr de la Maillardière, par Macé Agaisse et par Ollive Bonnet, sa femme pour quelques héritages sis en la metairie de *Loriondière*, proche la

Bernardière, tenues à devoirs de six sols monnaie, quinze boisseaux d'avoine et cinq boisseaux de froment de rente annuelle; plus, pour d'autres héritages sis au tenus de la grande *Aufraire* et de la *Robinière*, respectivement sujettes à cinq et huit septiers de seigle de rente annuelle.

— 519 —

10 mai 1540. — Aveu rendu à Messire François Gabart, sgr de la Maillardière, par Adam Chenu, et Marie Jaumouillé, sa femme, pour une maison et ses appartenances, appelés le village de la *Croix-de-Laufraire*, en la paroisse de Rezay, sur quoy est dû : la tierce partie de 3o crublées et d'une mesure d'   (?), 15 boisseaux d'avoine et 4 septiers de seigle, de rente annuelle, dus sur le tenement de la petite *Aufraire*.

— 520 —

24 mai 1540. — Aveu rendu à écuyer François Gabard, sgr de la Maillardière par Catherine Binet, veuve de Pierre Dutay, Jean Corgnet et Gillette Dutay, sa femme, et consorts pour quelques héritages sis proche la *Chaussée*, tenus à devoir de 18 boisseaux d'avoine de rente, 10 sols, 15 deniers monnoie et 5 boisseaux de froment de rente annuelle, plus pour d'autres héritages sis proche la Métairie de l'*Oriondière*, tenus à devoir de 32 *oubliés* et une 1/2 mesure d'*Ypocras*, à parfaire plus grand nombre de rentes ; plus pour d'autres héritages, tenus à devoir d'un chapon et 10 boisseaux de seigle de rente sur le tenement de la petite *Aufraire*.

— 521-527 —

20 mai 1540 — 1ᵉʳ août 1646. — Sept aveux rendus aux seigneurs de la Maillardière les 20 mai 1540, 16 juin 1555, 13 juin 1556, 22 juin 1606, 29 juillet 1619, 4 juillet et 6 août 1646 par Jacques Sauvaget, Guillaume Clergeau, Jacquette Thonin, veuve de Louis Corraleau, Mathurin Cassard, sieur de la Pigerie, Jean, Pierre et René Moreau, pour divers héritages sis au village de la

Robinière, tenus à diverses rentes en froment, avoine, chapons et menue monnaie.

— 528 —

4 novembre 1542. — Sentence rendue par Jean de Langle, lieutenant et juge ordinaire de Nantes à la requête du sgr de la Maillardière, contre le procureur du duc par laquelle il est ordonné que le dit sgr, en baillant caution, jouira du rachat de la terre et seigneurie du Palletz en Rezay, à lui échu par le décès de Gilles de Peillac, vivant seigneur du dit lieu.

— 529 —

3 mars 1555. — Aveu rendu à écuyer François Gabard, sgr de Maillardière, par Pierre Déris pour quelques maisons héritages sis en la tenue du *Champ-Chapeau*, et tenus à devoir d'obéissance.

— 530 —

5 mars 1555. — Aveu rendu à écuyer François Gabard, sgr de la Maillardière, par N. Simon et Tiennette Olive, pour quelques héritages sis au *Clos des Cartrons*, tenus à devoir d'obéissance.

— 531 —

13 juillet 1560. — Contrat de la vente faite par Mathurin de la Roche, escuyer, sgr dudit lieu et demoiselle Claude de la Boucherie, sa compagne, à Jean du Ponceau, escuyer, sgr du Blottereau, prévost de Nantes et Jeanne de la Villéon, sa compagne, d'un pressoir avec maison et jardin, sis au bourg de Rezay, appelé : *Le Pressoir de Fromenteau* avec quelques prez y adjacents, haute, moyenne et basse justice et tous droits y appartenant le tout ainsi qu'en jouissait en son vivant feu escuyer René de la Boucherie, sgr de Fromenteau, père de ladite demoiselle Claude de la Boucherie, quitte de toutes rentes, fors obéissance au Roy et devoir de rachat envers le seigneur de la *Maillardière* ; ladite vente consentie moyennant la somme de 2o5o livres. Et ont promis les dits de la Roche et femme, acquitter lesdits du Blotereau et compagne des lods et ventes qu'ils pourraient devoir à la seigneurie de la *Maillardière*.

— 53₂ —

27 mai 1579. — Lettres patentes de Henri, roi de France, permettant à messire François Gabard, seigneur de la Maillardière, de faire construire des fourches patibulaires à 3 piliers sur sa dite terre et seigneurie de la *Maillardière*, tout ainsi que le roi François Iᵉʳ, son prédécesseur l'avait permis jadis à écuyer Pierre Ferron, seigneur de la Maillardière.

— 533 —

16 avril 1597. — Aveu rendu à écuyer François Gabard, sgr de la Maillardière, conseiller au Parlement de Bretagne par Michelle Agaisse, veuve de Jean Dutay pour divers héritages situés en la pièce des *Mortrais*, au pré de *Laufraire* en la pièce des *Fontenys*, en *L'Ousche des vieilles maisons*, en *L'Ousche des petits prés*, le tout tenu à devoir d'obéissance et à quatre boisseaux un tiers de seigle, plus pour d'autres héritages sis au village de la Robinière tenu à devoir d'un boisseau et demi de seigle.

— 534 —

16 avril 1597. — Aveu rendu à messire François Gabart, sgr de la Maillardière, par René, Pierre, Guillaume et Estienne Les Ollive et consorts pour quelques héritages sis en la tenue de la petite *Aufraire*, tenus à devoir de 6 boisseaux de seigle à parfaire plus grand nombre de rentes dues sur ladite tenue, pour d'autres héritages sis en la tenue de la *Robinière* sur laquelle est dû 9 boisseaux 1/2 de seigle à parfaire plus grand nombre de rentes et pour d'autres héritages, sis en la terre des *Chapelles* en la tenue de la *Bretinerie*, sur laquelle est dû 2 chapons et 8 sols 6 deniers monnaie et autres terres et héritages, tenus à devoir de quelques portions de rentes.

— 535 —

20 avril 1597. — Aveu rendu à écuyer François Gabard, sgr de la Maillardière, conseiller au Parlement de Bretagne, par Jean Peillac et Marie Bodin, sa femme, pour quelques héritages sis en la tenue de la *Curatière*, tenue à devoir d'un boisseau de seigle de rente annuelle, et pour d'autres héritages sis en la tenue des *Chapelles*, tenue à devoir de trois boisseaulx de seigle de rente annuelle.

— 536 —

2 janvier 1592. — Aveu rendu à écuyer François Gabard, écuyer, sgr de la Maillardière, par Jean et Julien les Herbette et consorts pour quelques héritages sis près le village de la *Bernardière* tenus à devoir de 2 chapons ; pour d'autres héritages sis en la tenue de la petite *Aufraire* tenus à devoir de 5 septiers de seigle de rente ; pour le tenement de la *Robinière* tenu à sept boisseaux de seigle ; pour divers héritages sis au tenement de la *Curatière*, tenus à devoir de leur part des rentes dûs sur iceluy pour d'autres héritages sis en la tenue des *Chapelles* tenus à devoir de leur part des rentes dues sur icelle.

— 537 —

7 juin 1599. — Aveu rendu au seigneur de la Maillardière par Jean et Pierre Ertaud, pour quelques héritages sis proche la *Bernardière* et tenus à devoir d'obéissance.

— 538 —

26 juin 1606. — Aveu rendu à écuyer François Gabard, sgr de la Maillardière par Pierre Lemerle, pour une maison, jardin et héritages, sis au village de la *Bernardière* tenus à devoir de leur part des rentes dues sur le village et pour quelques morceaux de terre tenus à devoir du 1/3 des fruits.

— 539 —

5 juillet 1606. — Aveu rendu au seigneur de la Maillardière par Sébastien Poullain et consorts pour quelques héritages sis en la tenue des *Chapelles*, tenus à devoir de 6 septrées de seigle et de tenue de la *Curatière* sur laquelle est dû 8 septiers de bled.

— 540 —

10 juillet 1606. — Aveu rendu à messire François Gabart, écuyer, sgr de la Maillardière, par Pierre Bouët, Mathurin Heurtin et consorts, pour plusieurs maisons et héritages sis au village de *Laufraire* et aux environs, tenus à devoir de cinq septrées de seigle de rente, pour la tenue de la petite *Aufraire*, plus pour le tenement des *Chapelles*, tenu à 6 septrées de seigle ; le tenement du *Champ-Chapeau*, tenu à 7 livres de rente envers la dame de l'*Esnaudière*, le tenement de la *Curatière* tenu à 8 septiers de seigle ; le tenement de la *Robinière* tenu à 8 septiers de seigle ; et d'autres maisons et héritages, les tous tenus à devoir d'obéissance.

— 541 —

25 avril 1607. — Aveu rendu à messire François Gabart, écuyer, sgr de la Maillardière, par Estienne Farineau, Pierre Ertaud et Perrine Lesbeaupin, veuve de Pierre Farineau pour quelques maisons et héritages, sis en la tenue de la *Grande Aufraire*, tenus à devoir du 1/4 des fruits, pour la tenue de la *Robinière* tenue à 8 septiers de seigle, la tenue des *Chapelles*, tenue à six septiers de seigle et d'autres héritages tenus à devoir d'obéissance.

— 542 —

3 juillet 1613. — Aveu rendu à messire François Gabart, écuyer, sgr de la Maillardière, par Jean Orieux pour une maison et des héritages sis au village de l'*Aufraire*, tenu devoir de 1/3, pour la tenue de la *Robinière*, et la tenue des *Chapelles*, tenues a 6 septiers de seigle.

— 543 —

19 juillet 1614. — Sentence rendue au Présidial de Nantes et condamnant Macé Agaisse, Jean Gaillard et consorts, à payer à écuyer François Gabard, seigneur de la Maillardière, une rente de 2 chapons, trente-sept livres monnaie et 4 sols plus cinq boisseaux de froment et seize boisseaux d'avoine à lui dû sur la tenue de la *Bernardière*.

— 544 —

23 mars 1616. — Afféagement de trois journaux de terre situés au fief et Juridiction de la *Maillardière*, et joignant le lieu de *Lesnaudière* consenti par le seigneur de la Maillardière, écuyer Jean Guéheneuc, seigneur de Lesnaudière à la charge de les tenir de lui à foy et hommage.

— 545 —

9 juillet 1622. — Accord entre Pierre de Monty, écuyer, seigneur des Palletz en Rezay, et François Gabard, écuyer, seigneur de la Maillardière par lequel ils se désistent l'un et l'autre des droits de lodz et ventes, de rachat, de fiefs et juridiction et tous autres, qu'il prétendait ou pouvait prétendre en raison de leur terre et seigneurie de *Palletz* et de la *Maillardière* ; par cet acte ledit sieur Gabard consent à ce que ledit sieur de Monty tienne sa dite terre et seigneurie de Palletz prochement du Roi et ledit seigneur de Monty consent pareillement à ce que le seigneur de la Maillardière tienne sa terre de la Maillardière de sa Majesté.

— 546 —

23 septembre 1630. — Contrat de vente consentie par Jean Praud et Renée Allain, sa femme, à Jean Artaud, de quelques héritages sis au pré de la *Vallée de la Chaussée*, moyennant la somme de 145 livres et à la charge d'en payer les rentes.

— 546 —

10 octobre 1630. — Aveu rendu à écuyer François Gabard, sgr
de la Maillardière par Jean Ertaud et Jeanne Bureau, sa femme,
pour divers héritages sis ès tenues des *Chapelles*, la petite *Aufraire*,
la *Robinière* et la *Bernardière*.

— 547-550 —

11 novembre 1630-16 mai 1696. — Trois aveux rendus aux seigneurs de la Maillardière, les 11 novembre 1630, 16 mars 1689 et
16 mai 1696 par divers tenanciers de quelques héritages sis en la
tenue du *Champ-Chapeau* et tenus à devoir d'obéissance.

— 551 —

17 septembre 1632. — Sentence rendue au Présidial de Nantes,
adjugeant au seigneur de la Maillardière la mouvance village des
Chapelles en Rezay et condamnant les tenanciers du dit village à
lui payer, continuer, servir, la rente de 17 sols monnaie et autres
qui lui étaient dues.

— 552-555 —

18 juillet 1632-6 janvier 1633. — Quatre aveux rendus aux
seigneurs de la Maillardière par Etienne Gareau ; Jean Aubin, Jean
Chauvelon et Renée Gallet, veuve de Simon Aubin pour divers
héritages sis au *Clos des Cartrons* et tenus à devoir d'obéissance,
plus à quelques rentes en froment, avoine et menues monnaies.

— 556 —

7 septembre 1634. — Sentence du sénéchal de la Maillardière,
condamnant les tenanciers des villages, des *Chapelles* de la *Robinière* et de la *Curatière* à payer à Jean Artaud, receveur des rentes
de la *Maillardière*, les rentes dues sur le dit village.

— 557-559 —

15 août 1635-8 décembre 1710. — Trois aveux rendus au seigneur de la Maillardière les 15 août 1635, 26 juillet 1652 et 8 décembre 1710 par divers tenanciers pour plusieurs logis et héritages sis au village du *Chastelier.*

— 560 —

12 mai 1637. — Aveu rendu au seigneur de la Maillardière par Jean Bonnin et Jeanne Hallouin pour quelques héritages sis au village de la *Chaussée* sans déclaration de rentes, ni obéissance.

— 561 —

8 mars 1638. — Afféagement de cinq boixellées de terre proche le village de *Lacourant* consenti par écuyer François Gabard, seigneur de la Maillardière à René Agaisse, moyennant une rente annuelle de 2 chapons, et une somme de quinze livres qu'il lui à payée comptant.

— 562 —

10 mai 1642. — Accord passé entre écuyer Yves de Monti[1] et dame Suzanne Berland, veuve d'écuyer François Gabard, sgr de la Maillardière, par laquel ledit sgr de Monti consent que ladite dame de la Maillardière soit maintenue en la jouissance de la mouvance féodalle et juridiction des villages et tenements de la *Gabardière,* l'*Oriondière,* la *Chaussée,* la *Bernardière,* les *Chapelles* et qu'elle en conserve et perçoive toutes les rentes, moyennant un versement de 1550 livres que ladite dame de la Maillardière a payées audit seigneur de Monti.

[1] YVES DE MONTI. — Ancienne et illustre maison originaire de Florence, et encore représentée de nos jours par plusieurs rameaux, qui vint s'établir en France au XVI⁰ siècle à la suite des Médicis, et y posséda bientôt la terre et seigneurie de Rezé, érigée pour elle en *Comté* en 1672, dont elle retint dès lors le nom. Armes : *D'azur à la bande d'or, accostée de deux monts de six coupeaux de même.*

— 563 —

14 janvier 1643. — Aveu rendu au seigneur de la Maillardière,
par écuyer René de Lesbeaupin et Estienne Hillaireau : 1° pour
quelques héritages et logis au village des *Chapelles,* tenus à 27 septiers de seigle de rente annuelle ; 2° pour d'autres maisons et héritages sis au village de *Haute-Lande,* paroisse de Vertou, tenus à
9 septiers de seigle, 4 chapons et 26 sols monnoie de rente annuelle ;
3° pour les tenues des *Chapelles,* de la *Robinière* et la *Curatière ;*
4° pour d'autres héritages sis ès village et tenues de la *Bernardière,*
les *Chapelles, l'Oriondière,* la *Curatière,* la *Robinière,* la petite
Aufraire, tenus à 5 boisseaux de seigle, 16 boisseaux d'avoine,
21 septiers de seigle, plus le devoir de *quintaine* et la conduite des
prisonniers.

— 564 —

25 décembre 1643. — Déclaration faite par dame Suzanne Berland, veuve de messire François Gabard, seigneur de la Maillardière, reconnaissant que Jean Nepveu et Julien Gadais, ont mis et
apposé la *bûche et tison de Noël,* au foyer de la cuisine dudit lieu de
la Maillardière ainsi qu'ils ont accoutumé faire à pareil jour, et
qu'en la mettant, ils ont crié par trois fois « *Noël, Noël, Noël, pour
le seigneur de la Maillardière* » la dite redevance lui étant due en
raison d'une quantité de terre en frost et gast nommé *les Poignes*
et tenue en outre à deux sols six deniers de rente annuelle.

— 565 —

13 décembre 1643, — Aveu rendu au seigneur de la Maillardière
par Guillaume Redort, Pierre Clergeau et consorts, pour quelques
maisons et héritages sis au fief des *Chapelles* tenus à devoir de 6
septiers de seigle et 15 sols monnaie de rente annuelle.

— 566 —

25 juillet 1644. — Arrentement, de la 4e partie de six boixellées
de pré six au *pré de la Vallée,* près moulin de la Maillardière con-

senti par le seigneur dudit lieu à Yves Deforges et Louis Havard, moyennant une rente annuelle de cinq deniers monnaie.

— 567-579 —

19 janvier 1645-24 février 1702. — Treize aveux rendus aux seigneurs de la Maillardière les 19 janvier 1645, 5 août 1646, 20 septembre 1650, 8 juillet 1691, 8 août 1694, 30 avril 1696, 8 janvier 1697, 10 novembre 1699, 28 avril 1700, 28 juin et 28 juillet 1701, 24 février 1702 ; par Pierre Morineau, Etienne Ertaud, Jacques Olive, Mathurin Douaud, André et Sébastien Olive, Jean Gallipaud, Yves de Rets, Julien et André de Retz, Jean de Ménardeau, seigneur de Maubreil, Pierre le Merle et Jeanne Sautejeau, Etienne Olive, et Pierre Corbineau et consorts, pour divers héritages sis au village de la *Robinière* et tenus à 8 septiers de seigle, 2 chapons et 10 sols monnaie de rente annuelle, etc.

— 580 —

14 juillet 1645. — Aveu rendu au seigneur de la Maillardière par noble homme François de Ramaceul, seigneur du Réglis, pour le lieu et[1] manoir de la *Verrie* et ses dépendances tenu à devoir de 14 sols monnaie, 1 boisseau de froment et 1 boisseau d'avoine de rente annuelle et por d'autres héritages sis au tenement et maison de la *Roche*, pour lesquels il lui est dû 16 boisseaux de blé et 1 chapon, etc.

— 581 —

25 avril 1646. — Aveu rendu au seigneur de la Maillardière, par écuyer Pierre Brossard, sgr de la Trocardière et Fromenteau, pour ses fiefs, juridiction et domaines de *Fromenteau* et la *Chaussée* sis entre le *Chesne de la Chaussée*, le Ruisseau de la *Planche-Imbert*, la *Forest de Touffou* et la *Rivière de Loire*, ayant droit d'o-

---

[1] *François de Ramaceul.* — Famille ancienne, maintenue par arrêt du Conseil de 1751 et admis aux Etats en 1768. Armes : *D'argent à 3 pals de gueules, au chef d'azur, chargé de 3 étoiles d'or.*

béissance, épaves et galloys, avec tous les héritages qu'il possède
en la paroisse de Rezay, tenus à devoir de rachat et de coutume
estimés chacun à 25 sols de rente.

— 582 —

25 avril 1646. — Aveu rendu au seigneur de la Maillardière par
écuyer Pierre Brossard, fils de défunt écuyer Jean Brossard, seigneur de la Trocardière et de Fromenteau, pour tout ce qui lui
appartient dans la paroisse de Rezay comme dépendances de Fromenteau, sis entre le *Chesne* de la *Chaussée*, le ruisseau de la
Planche-Imbert, la *forest de Touffou* et la *Rivière de Loire* avec les
droits de juridiction, seigneurie, obéissance, épaves, et gallois qui
lui appartiennent en Rezay et plusieurs autres terres et héritages
tenus de lui à foy, hommage et rachat, et dont les rentes lui appartiennent.

— 583 —

12 mai 1646. — Aveu rendu à dame Suzanne Berland, veuve
de messire François Gabard, écuyer, sgr de la Maillardière, par
André Douaud, pour quelques héritages sis au village de *Laufraire*
et tenus au devoir d'obéissance et du 1/3 des fruits envers le seigneur.

— 584-589 —

18 mai 1646-18 avril 1700. — Six aveux rendus aux seigneurs
de la Maillardière les 18 mai 1646, 30 avril 1696, 16 mai 1696,
2 juillet 1696, 11 août 1696 et 18 avril 1700, par Perrine Olive, veuve
de Simon Aubin, Marie Alain, veuve Etienne Olive, Jean Gallipaud,
Guillame Dejoye, Jeanne Delesbaupin, épouse de Jean Charrier,
Julien Bessac et consort pour plusieurs logis et héritages situés en
la tenue de l'*Oriondière* et celle de la *Lyaudière*, tenus à devoir
d'obéissance et de *quintaine* et à quelques rentes en froment, seigle,
avoine et menue monnaie.

— 590-595 —

5 juin 1646-12 juillet 1646. — Six aveux en date des 5 et 21 juin,
2, 8 et 12 juillet 1646, rendus au seigneur de la Maillardière par
Laurent Lemerle, Samson Agaisse, Etienne Ollivreau, Jean Ertaud,
Renée Ragon, veuve d'Etienne Ollive, Estienne Lemerle et consorts pour divers héritages sis au village des *Chapelles* et tenus à
divers rentes en seigle, avoine, chapons et menues monnaies.

— 596 —

27 juin 1646. — Aveu rendu au seigneur de la Maillardière par
Jean Ertaud, Macé Plissonneau et consorts pour quelques logis et
héritages sis au village de la *Bernardière* et aux environs de 37
livres 12 sols, 4 deniers, 5 boisseaux de froment et 16 boisseaux
d'avoine de rente annuelle, pour divers héritages sis en la tenue de
la petite *Aufraire* par laquelle est dû 5 septiers de seigle ; pour la
tenue de la *Robinière* tenue à 8 septiers de bled, 2 chapons et 10
sols monnaie ; pour la tenue des *Chapelles* tenue à 6 septiers de
bled 15 livres, 17 sols, 5 deniers monnoie de rente annuelle.

— 597 —

7 juillet 1646. — Aveu rendu au sgr de la Maillardière par
Mathurin-Michel Bureau pour quelques maisons et héritages sis en la
tenue de la *Curatière* et tenue à devoir de 8 septiers de seigle, 4
chapons et 10 sols monnoies de rente annuelle, plus pour d'autres
héritages en la tenue de la *Robinière*, tenus à 8 septiers de seigle,
2 chapons et 10 sols monnoies de rente annuelle.

— 598 —

23 juillet 1646. — Aveu rendu au sgr de la Maillardière par François Rolland et Noëlle Peillac, sa femme, pour quelques héritages sis
au village des *Basses-Chapelles* et tenus à 6 septiers de bled et 25
sols de rente annuelle et le devoir de *quintaine*. De plus d'après

ledit aveu, il est dû audit seigneur de la Maillardière par les tenanciers des *Trois-Points* ou *Trois-Poignes* en la paroisse du Bignon, 2 sols 6 deniers de rente annuelle ; lesquels sont astreints en outre à apporter chaque année au château de la Maillardière une *Buche* pour mettre au feu le jour de *Noël* entre les deux messes, et en entrant dans la cour sont obligés lesdits tenanciers, *hucher* par trois fois en l'honneur du seigneur, et en cas de défaut, ledit seigneur de la Maillardière a droit de course sur tous les bestiaux qui se trouveraient alors sur ladite tenue des *Trois-Points*.

— 599 —

3 août 1646. — Aveu rendu au seigneur de la Maillardière par Nicolas Verger pour divers maisons et héritages sis au village de la *Chaussée* et tenus à devoir d'obéissance.

— 600 —

5 août 1646. — Aveu rendu au seigneur de la Maillardière par Jacques et Pierre Poullain pour quelques héritages sis à la *Bernardière*, tenus à 5 boisseaux de froment, 16 boisseaux d'avoine et 34 sols monnaie de rente annuelle ; pour d'autres héritages sis en la tenue de l'Oriondière, quittes de rentes ; pour la tenue de la petite *Aufraire* tenue à 5 septiers de seigle ; pour la tenue de *Robinière* tenue 8 septiers de seigle, 4 chapons et 10 sols monnoie de rente annuelle.

— 601-605 —

6 août-18 décembre 1646. — Cinq aveux rendus au seigneur de la Maillardière par Michel Poullain, sgr de la Boulordière, Julien et Pierre Ertaud, Julien Halbert, Pierre Plissonneau, Jean Artaud, Jacques Fermont et consorts, pour divers héritages sis aux tenements de la *Bernardière*, de la petite *Aufraire* et de la *Robinière* tenus à devoir d'obéissance et à diverses rentes consistant en boisseaux de seigle et d'avoine, chapons et quelques sols de rente annuelle.

— 606 —

12 août 1646. — Aveu rendu au seigneur de la Maillardière par Mathieu Artaud, Julien Brochard et consorts, pour quelques maisons et héritage sis au village de *l'Aufraire* et tenus à devoir : les uns du 1/2, et les autres du 1/4 des fruits.

— 607 —

17 août 1646. — Aveu rendu à dame Susanne Berland, veuve d'écuyer François Gabard, seigneur de la Maillardière, conseiller au Parlement de Bretagne, pour quelques héritages sis en la tenue de *Lesgaudière* et sujets à devoir d'obéissance.

— 608 —

15 novembre 1646.—Arrêt de la chambre des Comptes de Bretagne, ordonnant information dans le délai de six mois, au sujet de l'exemption de fouage; prétendu par le sergent de la terre et seigneurie de la *Maillardière* et au sujet des droits de chauffage en la forêt de *Touffou,* revendiqué par le seigneur de la *Maillardière.*

— 609 —

10 mars 1647. — Aveu rendu au sgr de la Maillardière par Jean Gauthier pour quelques héritages sis au tenement de la *Curalière* pour lesquels sont dus 8 septiers de seigle, 4 chapons et 10 sols monnaies de rente annuelle.

— 610-612 —

27 mai 1647-13 juillet 1747. — Trois aveux rendus au seigneur de la Maillardière, les 27 mai et 30 mai et 13 juillet 1747 par Jacques Bouyer, René Ollive, Jean et Louis Mesnardière et consorts, pour divers logis et héritages sis au fief des *Chapelles* et tenus à diverses rentes en bled, seigle, chapons et menue monnaie.

— 613-614 —

5 juin-7 juillet 1647. — Deux aveux rendus au sgr de la Maillardière par Louis, Gilles et Guillaume Guilbaud et Julienne Gicquel, veuve de Jean Saupin, pour quelques héritages sis au village de la *Chaussée* tenus à devoir d'obéissance.

— 615-621 —

4 janvier 1648-8 août 1694. — Sept aveux en date des 4 janvier 1648, 28 février et 6 mars 1651, 8 septembre 1656, 23 octobre 1660, 18 janvier 1690 et 8 août 1694, rendus au sgr de la Maillardière par Jean Bouyer, Michel Agaisse, Jean Hervouët, Nicolas Béranger, Sylvestre Tessier, Pierre Bonhommme, André et Sébastien Ollive et consorts, pour divers héritages sis au fief des *Chapelles* et tenus à diverses rentes en blé, seigle, chapons et menues monnoies.

— 622 —

17 mai 1648. — Aveu rendu au sgr de la Maillardière par Denis Dutay, Georges Orieux, Nicolas Farineau et consorts, pour divers héritages sis au village de *Laufraire*.

— 623 —

1er mars 1649. — Aveu rendu à dame Suzanne Berland, veuve d'écuyer François Gabard, seigneur de Maillardière, conseiller au parlement de Bretagne, par Louis Guehéncuc, écuyer, sgr de Vouvantes, fils et héritier d'écuyer Jean Guéhéneuc, sgr de Lesnaudière[1], pour la moitié d'un pré nommé la prée de *Pellouaille*, autrement le pré de *Lesnaudière*, sis près le port de la *Morinière* et, contenant trente et une boixellées, tenu à devoir d'obéissance.

---

[1] LOUIS et JEAN GUÉHÉNEUC. — Famille ancienne, originaire du comté nantais et remontant à messire Henri Guéhéneuc, de la paroisse de Massérac, anobli en 1438. Armes : *De gueules au lion d'argent, accompagné de cinq étoiles d'or, 2, 2, 1, au franc quartier d'azur*. Devise : *N'en parlez pas*.

— 624 —

5 juillet 1649. — Aveu rendu au seigneur de la Maillardière par
Michel Metayer, pour un logis et divers héritages sis au village de
Laufraire, tenus à devoir du 1/3 des fruits et obéissance.

— 625 —

3 juillet 1649. — Aveu rendu au seigneur de la Maillardière par
Suzanne Herbeteau, veuve de Benoît Gicquiau pour divers héritages
situés au *Clos de la Sensive*, à l'Ousche *Thomine*, à l'*Ousche Gauthier*, au *Clos de Jarrie*, au pré des *Sensives*, au pré du grand
Chauchis, en la pièce des *Retais*, tous tenus à devoir d'obéissance,
plus pour d'autres héritages sis à *Lertaudière* tenus à trois septiers
de seigle et vingt sols monnaie de rente, et d'autres sis en la tenue
de la *Chasse* sujets à 26 sols monnaie, 4 chapons et 6 septiers de
seigle.

— 626-628 —

25 avril-1ᵉʳ septembre 1650. — Trois aveux rendus au seigneur
de la Maillardière, par Jean Fruneau, notaire royal, Denis Lemerle, Thomas Leuzet et consorts, pour divers héritages, sis aux
tenements de la *Bernardière*, des *Chapelles* et en la pièce de la
Barre du Clos de la Gagnerie, tenus à devoir d'obéissance et à
diverses rentes consistant en boisseaux de seigle et d'avoine,
chapons et quelques sols de rente annuelle.

— 629 —

29 août 1650. — Aveu rendu au seigneur de la Maillardière
par Louis Roger, seigneur de la Gabardière pour sa maison prin-
cipale de *Gabardière* et ses dépendances avec le droit de pêcherie,
de chasse et colombier tenus à devoir d'obéissance ainsi qu'il la
perd par son aveu du 29 juillet 1649, au pied duquel est un acte
par lequel le dit seigneur a reconnu devoir au seigneur de la

Maillardière vingt deniers monnaie, une écuellée d'avoine, une demi-écuellée de froment sur ladite maison et appartenances de la Gabardière lesquelles font partie de quarante-et-un sous de monnaie, 5 boisseaux de froment et 16 boisseaux d'avoine et 2 chapons de rentes dues sur les tenues de la *Bernardière* et l'*Oriondière* dont fait partie la dite maison et ses dépendances, plus confesse le dit seigneur tenir une maison au village de la *Chaussée* pour laquelle il lui est du 8 boisseaux d'avoine et 10 deniers monnaie, mais dans le dit aveu se désistent les droits de pêche et de chasse.

— 630 —

13 décembre 1650. — Aveu rendu au seigneur de la Maillardière par Pierre et André Landais pour quelques legs et héritages sis au village de la *Chaussée*, tenus à devoir de 2 sols, 6 deniers de rente en consortise avec les tenanciers dudit village et pour d'autres héritages sis audit village, tenus à devoir d'obéissance, de *quintaine* et de conduite des prisonniers.

— 631 —

20 juin 1650. — Aveu rendu au seigneur de la Maillardière par escuyer Marc de Barberé, sgr de la Bausche[1] pour quelques héritages sis en la prée de *Laufraire* et aux environs, tenus à devoir d'obéissance, et d'autres héritages sis en la tenue de la *Robinière* sur laquelle sont dus 8 septiers de bled de rente annuelle.

— 632 —

1ᵉʳ novembre 1650. — Aveu rendu au sgr de la Maillardière par Pierre Gisleau, Guillaume Denis, et consorts pour quelques héri-

---

[1] Marc de Barberé. — Famille ancienne, originaire de la paroisse de Rezé au diocèse de Nantes. Messire Marc de Barberé était maître des comptes, charge occupée avant et après lui par plusieurs membres de sa famille. Armes : *De sable à la fasce cousue de gueules, chargée d'une étoile d'or, et accompagnée de 3 trèfles de même à enquerre.*

tages sis ès tenues de la petite *Aufraire*, la *Robinière* et les *Cha-pelles*, pour lesquelles est dû : 19 septiers de blé et 69 sols 5 deniers monnoie de rente annuelle, plus, pour divers héritages sis en la paroisse de Vertou aux tenues de la *Laudrière* et la *Furelière*, tenus à devoir de leur part des rentes dues sur icelles, plus pour divers héritages sis en la tenue de la *Bernardière* sur laquelle est dû 16 boisseaux d'avoine, 5 boisseaux de froment et 53 livres 6 deniers monnoie de rente annuelle.

— 633 —

5 avril 1651. — Aveu rendu au sgr de la Maillardière par Etienne Burot, sieur de la Morinière, pour le lieu et borderie de la *Verrie* et ses dépendances tenu à devoir de 14 sols, dix deniers monnaie de rente annuelle, qui autrefois étaient dûs sur la pièce de l'*Ousche de la Croix*, etc.

— 634-637 —

1 juin 1651-8 février 1659. — Quatre aveux rendus à écuyer Philippe Gabard, seigneur de la Maillardière les 1er juin 1651, 3 août 1655, 24 novembre 1656 et 8 février 1659 par Jean Grasset, Jacques Mezard, François Bonneau et Isabelle Mezard, sa femme, pour divers héritages sis aux prés de Malnoë, et notamment pour les prés du *Taillis de la Noë*, de la grande et petite *Censive* et le fief de vigne des *Forts-Corbin*, sous la tenue de l'*Ertaudière*, le tout tenu à devoir d'obéissance et à sa part de trois septiers de scigle et vingt sols monnaie de rente annuelle.

— 638 —

2 juillet 1651. Aveu rendu au seigneur de la Maillardière par René Mabit et Jeanne Lemerle, sa femme, pour quelques héritages sis au village de la Gussois, sous la tenue de la *Bernardière* sur lesquelles sont dûs 5 boisseaux de froment, 16 boisseaux d'avoine et 60 sols monnoie de rente annuelle ; et pour d'autres héritages ès tenues de la *Robinière* et des *Chapelles* pour lequels sont dûs 14 septiers de seigle, 2 chapons, 10 livres et 15 sols monnoie de rente annuelle.

— 639 —

8 décembre 1651. — Aveu rendu à messire Philippe Gabard, écuyer, sgr de la Maillardière par demoiselle Jeanne Charette, compagne de noble homme Albert Billy, sgr de la Briançais pour une borderie nommée la *Haute-Nuë* et ses dépendances tenue à devoir d'obéissance.

— 640 —

2 *septembre 1652.* — Aveu rendu au seigneur de la Maillardière par Pierre Ertaud, et Etienne Macé, pour divers herbergements et héritages, sis au village de la *Bernardière*, tenus à 5 boisseaux de froment, 16 boisseaux de seigle et 60 sols de rente annuelle; divers héritages en la tenue de la petite *Aufraire* tenus à 5 septiers de seigle ; divers héritages au tenement de la *Robinière*, tenus à 8 septiers de seigle, 2 chapons et 10 sols de rente annuelle, divers héritages au fief des *Chapelles* tenus à 6 septiers de seigle et 15 sols de rente annuelle ; divers héritages à la *Curatière*, tenus à 8 septiers, 4 chapons, et 10 sols monnoie de rente annuelle, plus pour la tenue du *Champ-Chapeau* sujette à la dixme.

— 641 —

15 septembre 1654. — Aveu rendu à écuyer Philippe Gabard, sgr de la Maillardière, par Martin Milsent, sieur de Lesnaudière, pour divers héritages sis en la tenue de la petite *Aufraire* pour lesquels il doit 5 septiers de seigle de rente annuelle et pour d'autres héritages sis en la tenue de la *Bernardière*, tenus à devoir de sa part des rentes dues sur icelle.

— 642 —

23 avril 1655. — Arrêt du parlement de Bretagne condamnant demoiselle Jeanne Hardy, veuve d'écuyer Pierre Brossard, sgr de la Trocardière, à rendre aveu au sgr de la Maillardière pour les maisons, terres, fiefs et juridiction qu'elle tient de lui et qui en relèvent ; et a payé le rachat à lui échu par le décès dudit feu écuyer Pierre Brossard, sgr de la Trocardière.

— 643-644 —

28 août 1655 — 9 juin 1657. — Deux aveux rendus à écuyer Philippe Gabard, sgr de la Maillardière par demoiselle Jeanne Hardy, veuve d'écuyer Pierre Brossard, sgr de la Trocardière et de Rezay pour ses fiefs, juridiction et domaine de la *Chaussée* et *Fromenteau* en Rezay avec droit d'obéissance, epaves, gallois, haute, moyenne et basse justice et le devoir de rachat envers le sgr de la Maillardière, quand le cas y advient.

— 645 —

— *3 juillet 1656.* — Aveu rendu au sgr de la Maillardière par Marguerite Recoquillé, veuve d'Olivier Delavau, pour divers héritages sis au village de la *Chaussée* et tenus à devoir de 25 sols 10 deniers monnoie et 8 boisseaux d'avoine de rente annuelle, plus pour divers logis et héritages au village de *Laufraire*, tenus à devoir d'obéissance et à deux poulets de rente annuelle.

— 646 —

2 octobre 1656. — Aveu rendu au sgr de la Maillardière par Jean Grasset pour une demi-boixellée de terre sise en la pointe de la petite *Bauche* et tenu à devoir d'obéissance.

— 647 —

1 août 1660. — Aveu rendu à écuyer Philippe Gabard, sgr de la Maillardière, par René Liger, notaire royal et consorts pour divers héritages sis ès tenues de la *Bernardière*, la *Robinière* et la petite *Aufraire*, sur lesquelles sont dues diverses redevances de froment, seigle, chapons et quelques deniers monnoie.

— 648 —

3 juin 1664. — Aveu rendu à écuyer Philippe Gabard, sgr de
la Maillardière, par Marie Agaisse pour un corps de logis et des héritages sis au village de *Lacourant*, tenus à devoirs de trente-sept
livres douze sols, six deniers monnoie, cinq boisseaux de froment
et 16 boisseaux d'avoine de rente annuelle due par les détenteurs,
des tenues de la *Bernardière* et de l'*Ertaudière*, avec le devoir de
quintaine consistant en un *jambon de Mayence*, une *pièce de bœuf
d'un pied carré*, un *jallon de vin*, une *bonne miche 1/2* de pain blanc
et autres mets, le jour des noces de chaque marié.

— 649 —

6 juillet 1666. — Sentence rendue en la juridiction de la Maillardière, condemnant écuyer Philippe Brossard, sgr de la Trocardière, de Rezay et Fromenteau, tant pour lui que pour ses sœurs à
faire déclaration des choses qu'il possède dans la juridiction sujettes à rachat, et permettant au sgr de la Maillardière de jouir du
rachat des terres et héritages à lui échus par le décès de feu
écuyer Pierre Brossard, sgr de la Trocardière et Rezay et feue demoiselle Jeanne Hardy.

— 650 —

10 mai 1668. — Sentence rendue par les commissaires de la
réformation des domaines par laquelle messire Yves de Monty,
chevalier, comte de Rezay, est condamné à faire déclaration de trois
journaux de pré qu'il possède dans la prise du *Bois-Chabot*, dépendant de l'herbergement de la *Jaguère* et non son propre ; ladite sentence le déboutant en outre : du droit de *coutume* au
Pont-Rousseau, droit de *juridiction* sur les juveigneurs de la Mou-
vence du presbytère de Rezay, du *droit d'usage* dans la forêt de
Touffou ; des rentes prétendues par lui sur les propriétaires des
isles de *Trentemoult*, des *Chevaliers* et du *Tertre*, du droit de

course et *prise de bestes*, la mouvance desdites isles appartenant à sa Majesté ; mais le maintenant par contre dans la mouvance de huit journaux de terre au *Buzart du Château* à la charge de seize sols monnoie payable au Domaine, plus dans la mouvance du village de *Lesbaupin* et dans l'arrentement de 51 journaux de terre fait à *Chapelain* en 1640.

— 651 —

23 mars 1689. — Aveu rendu au seigneur de la Maillardière par Philippe Bruneau, sieur de la *Chaussée*, missire Pierre Ertaud, prêtre, Guillaume Brody, Pierre Joussaume, greffier de la prévoté de Nantes et consorts, pour plusieurs maisons et héritages sis en la tenue de la *Liodière* et sujets, à devoirs d'obéissance et au droit de *quintaine.*

— 652 —

1ᵉʳ et 2 avril 1689. — Aveu rendu au seigneur de la Maillardière, par Ph. Fruneau, seigneur de la Chaussée, Pierre Jousseaume, René Roger, sgr de la Gabardière, Thomas Vannier et consorts, pour divers héritages sis au fief de la *Bernardière* et tenus à 5 boisseaux de froment, 36 boisseaux de seigle et 37 l. 12 sols 6 deniers monnoie de rente annuelle.

— 653 —

2 avril 1689. — Aveu rendu au sgr de la Maillardière par Ph. Fruneau, sgr de la Chaussée, procureur au Présidial de Nantes, René Roger, sieur de la Gabardière, Antoine Raffin et consorts pour les terres qu'ils détiennent au tenement et village de la *Chaussée*, pour lesquels ils doivent 25 sols 10 deniers monnoie et 8 boisseaux d'avoine de rente, avec le devoir de *quintaine* consistanten une pièce de bœuf d'un 1/2 pied en carré, 3 pots de vin, une miche 1/2 et autres mets, ainsi qu'il est servi à la table de la mariée, et le devoir de conduite de prisonniers.

— 654 —

6 janvier 1691. — Aveu rendu au seigneur de la Maillardière par Mathurin Germon, notaire royal, pour un Clos de vigne de 35 boixellées nommé le *Clos-à-l'Abbé*, tenu à devoir de sa part des rentes dues sur la tenue de la *Bernardière*.

— 655 —

10 avril 1691. — Aveu rendu au seigneur de la Maillardière par messire Armand du Pé, chevalier, sgr d'Orvault, pour quelques héritages, sis en la tenue de la *Grande-Aufraire*, tenus à devoir d'obéissance et d'autres héritages, sis en la tenue de la *Robinière*, tenus à devoir de sa part des rentes dues sur icelle.

— 656-659 —

8 août 1694-30 mai 1710. — Quatre aveux rendus aux seigneurs de la Maillardière par André et Sébastien Olive, Jean Galipaud, Sébastien et Antoine Peillac, Pierre Bonhomme et Perrine Douet sa femme, pour divers héritages sis en la tenue de la *Curatière* et tenues à 8 septiers de seigle, 4 chapons et 10 sols monnoie de rente annuelle.

— 660 —

8 août 1694. — Aveu rendu au seigneur de la Maillardière par André et Sébastien Ollive pour 15 boisselées 1/2 de terre sises en la pièce de la *Bretinerie* et tenue à devoir de sa part de 8 sols monnaie et 2 chapons de rente annuelle.

— 661 —

8 août 1694. — Aveu rendu au seigneur de la Maillardière par Sébastien Ollive et consorts pour divers héritages sis en la tenue de la petite *Aufraire*, tenus à devoir de 5 septiers de seigle et 2 chapons de rente annuelle.

— 662-665 —

30 avril-9 juillet 1696. — Quatre aveux rendus au seigneur de
la Maillardière rendus par Jean Redort, Marie Allain, veuve
d'Estienne Ollive, Guillaume Dejoys, Jeanne Huraux, veuve de Jean
Petit, pour divers héritages sis au fief de la *Bernardière* et tenus
à 6 septiers de bled, 15 l. 17 s. 8 d. de rente annuelle.

— 666-668 —

30 avril-30 novembre 1696 — Trois aveux rendus au seigneur
de la Maillardière par Estienne et Guillaume Boisrivaud et consorts
pour quelques logis et héritages sis en la tenue des *Chapelles*, sujets
à devoir de 6 septiers de seigle 15 l. 17 sols 8 deniers, plus 4 l. 2
sols 5 deniers de rente annuelle ; 2° pour divers héritages sis en la
tenue des *Brosses*, tenus à devoir de 8 boisseaux d'avoine et 10
deniers monnaie ; 3° pour la tenue de la *Robinière*, sujette à 8 septiers
de seigle, 2 chapons et 10 sols monnaie de rente ; 4° pour la tenue
de la *Bretinerie*, sujette à devoir de 8 sols monnoie et 2 chapons de
rente, plus le devoir de *quintaine* consistant : en un *jambon
de Mayence*, une *pièce de bœuf d'un demy pied en carré, 3 pots de
vin*, et une *miche 1/2*, ainsi quelle est servie à la table de la mariée.

— 669 —

6 mai 1696. — Aveu rendu au seigneur de la Maillardière par
Jean Galipaud et Jeanne Hilaireau, sa femme, pour divers héritages sis en la tenue de l'*Aufraire* et tenus à devoir d'obéissance.

— 670 —

6 mai 1696. — Aveu rendu au même seigneur par les mêmes,
pour quelques héritages sis en la tenue de la petite *Aufraire*, tenus
à devoir de sa part de 5 septiers de bled et 2 chapons de rente
annuelle.

— 671 —

2 juillet 1696. — Arrêt du parlement de Bretagne condemnant Jean Richardeau, seigneur du Boiscorbeau et Madeleine Roger, sa compagne, à réformer l'aveu rendu par Claude Bernard, mère et tutrice de la dite Madeleine Roger, le 21 février 1690, et ayant employé tous les héritages et dépendances de la succession de feu Louis Roger et relevant de la seigneurie de la *Maillardière*.

— 672 —

9 mars 1697. — Aveu rendu au seigneur de la Maillardière par Jean Richardeau, sieur du Boiscourbeau et Madeleine Roger, son épouse pour quelques logis et héritages sis au lieu de la *Gabardière* en la tenue de la *Bernardière*, sur laquelle est du 37 livres, 12 sols, 6 deniers monnaie, 5 boisseaux de froment et 16 boisseaux d'avoine.

— 673-677 —

8 décembre 1697- 9 mai 1709. — Cinq aveux rendus au seigneur de la Maillardière, les 8 décembre 1697, 9 décembre 1701, 8 août 1703, 7 mai 1709, 19 mai 1709, par Pierre Babonneau, Jean Bureau, Jean Hilaireau, Jean Ertaud, Julien Ollive et consorts, pour divers héritages sis au fief des *Chapelles* et tenus à divers rentes en bled, seigle, chapons et menue monnoie, plus les devoirs de *quintaine* et obéissance.

— 678 —

1ᵉʳ septembre 1698. — Aveu rendu au seigneur de la Maillardière par Simon Redort pour divers logements et héritages, sis ès tenues et villages de la *Courme*, la *Lyaudière*, les *Chapelles*, la petite *Aufraire*, la *Robinière* et la *Curatière*, au fief de la *Bernardière*, tenus à divers rentes en froment, seigle, chapons et quelques menues monnoies de rente annuelle.

— 6₇9 —

7 septembre 1698. — Aveu rendu au seigneur de la Maillardière,
par Guillaume Boisrivaud pour une maison et divers héritages sis
au village de la *Bretinerie* pour lesquels il doit 8 sols monnoie et
2 chapons de rente annuelle.

— 680 —

2 février 1699. — Aveu rendu au seigneur de la Maillardière
par Louis Agaisse et Jeanne Duteil, sa femme, pour un logis et
divers héritages sis en la tenue de *Laufraire,* tenus à devoir d'o-
béissance ; plus d'autres héritages sis en la tenue de la *Robinière*
sur laquelle est dû 8 septiers de seigle 11 chapons et 10 sols de
rente annuelle ; plus pour d'autres héritages sis en la tenue de la
Hératière, sur laquelle est dû 8 septiers de seigle de rente ; plus
d'autres héritages sis en la tenue de la petite *Aufraire,* tenus à 5
septiers de bled meteil et 2 chapons ; plus pour d'autres héritages
sis en la tenue des *Liaudières,* tenus à devoir d'obéissance.

— 681 —

26 novembre 1698. — Arrêt du Parlement de Bretagne, maintenant dame Marie Gabard, veuve de feu messire Charles de Monty,
chevalier, dans la mouvance, à cause de *Fromenteau,* de la partie
de la terre et seigneurie de Rezay comprise dans ladite paroisse,
entre le *Chesne de la Chaussée* le Ruisseau de la *Planche-Imbert*
la *forest de Touffou* et la rivière de *Loire,* à l'exception de 2 clos de
vignes nommés les *Bois-de Rezay* et des autres fiefs et domaines de
Rezay, non compris dans les débornements ci-dessus.

— 682 —

30 juin 1700. — Aveu rendu au sgr de la Maillardière par messire
Joseph de Lespinay, chevalier, sgr de Briort, et dame Jeanne Milsent,
son épouse, pour divers héritages et logis sis au village de la *Ga-*

zoir, en la tenue de la petite *Aufraire* et dans celle du *Champ Chapeau* des *Chapelles*, et de *Lesnaudière*, au fief de la *Bernardière* tenus à diverses rentes consistant en seigle, avoines et menues monnoies, plus au devoir de rachât.

— 683 —

3 août 1700. — Déclaration faite au seigneur de la Maillardière par messire Joseph de Lespinay, chevalier, seigneur de Briort, et dame Jeanne Milsent, sa compagne de plusieurs rentes à eux dues sur les tênements du *Champ-Chapeau* de l'*Ousche du taillis*, l'*Ousche des Cormiers* et les pièces des *Bernardières* et des *Petites-Landes*.

— 684 —

7 janvier 1702. — Aveu rendu au seigneur de la Maillardière par Jean Forget, sieur de l'Isle, Julienne Bureau, sa compagne, et consorts pour divers héritages sis aux tenues du *Champ-Chapeau*, la *Robinière* et de la *Petite-Aufraire*, tenus à diverses rentes en seigle, chapons et menues monnaies.

— 685 —

3 février 1702. — Aveu rendu au sgr de la Maillardière par Pierre Aubin pour divers logis et héritages, sis au tenement de la *Robinière*, la petite *Aufraire*, le *Champ-Chapeau* et les *Chapelles*, le tout au fief de la *Bernardière*, tenus à diverses rentes en seigle, chapons et menues monnaies.

— 686 —

4 août 1702. — Aveu rendu au seigneur de la Maillardière par Clément Lasseur pour divers héritages situés au pré du *Grenouiller* en la pièce de la *Pointe de la Bauche* en la pièce de la *Sensive* et au près de *la Noë*, tenus, à devoirs d'obéissances, plus pour d'autres héritages sis en la tenue de *Lerlaudière* et sujets à trois septiers de seigle, vingt livres, 12 sols et 8 deniers de rente annuelle.

— 687 —

30 janvier 1704. — Aveu rendu à demoiselle Marie Gabard, dame de la Maillardière, par Marie Bureau, veuve de noble homme, Mathurin Locquet, seigneur de Lisle pour le lieu et maison de la *Verrie* sis en la tenue de la *Bernardière* pour lequel il lui est dû sept livres 12 sols six deniers monnaie de rente, plus, pour la pièce de la *Croix* tenu à 14 sols six deniers et le *Clos-des-Haies* en la tenue de la grande *Aufraire* tenue à six sols monnaie de rente.

— 688-689 —

7 janvier 1708-28 avril 1709. — Deux aveux rendus au seigneur de la Maillardière par Mathurin Pavageau, Mathieu Redort, Pierre Plissonneau, pour quelques maisons et héritages, situés au village de *Lacorani*, tenus à devoirs de *quintaine* et d'obéissance et à trente-sept livres, douze sols, six deniers monnaie plus cinq boisseaux de froment et seize boisseaux d'avoine de rente annuelle.

— 690 —

4 septembre 1708. — Aveu rendu au seigneur de la Maillardière par Ph. Bruneau, sieur de la Chaussée, pour plusieurs maisons et héritages sis au village de la *Chaussée*, tenus à 25 sols, 20 deniers et 8 boisseaux de seigle, plus, pour divers héritages sis ès tenues de la petite *Aufraire*, la *Bernardière*, les *Chapelles*, la *Curatière*, le *Champ-Chapeau*, etc.

— 691 —

5 septembre 1710. — Aveu rendu à messire de Charles de Monti, écuyer, sgr de la Maillardière par Michel de la Chastre pour quelques logis et héritages sis au village de *Laufraire* et tenus à devoir du 1/3 des fruits.

— 692 —

4 novembre 1711. — Aveu rendu au sgr de la Maillardière par Françoise Liger, veuve de maître François Jolly, sieur de la Motte, pour divers maisons et héritages sis aux tenues du *Champ-Chapeau* de la petite *Aufraire*, et de la *Curatière*, dépendantes du fief de la *Bernardière*.

— 693 —

30 novembre 1711. — Afféagement de plusieurs héritages situés aux jardins du village de *Laufraire*, de la *Roche* et du *Gros-Chesne*, consenti par écuyer Charles de Monti, seigneur de la Maillardière à . Philippe Ollive, sieur des Brosses, Pierre Guron, demoiselle Marie Bureau, veuve du feu sieur de l'Isle-Locquet et consorts, à la charge de 29 boisseaux de froment et 1/6 de boisseau de rente annuelle et de relever de la juridiction de la *Maillardière*.

— 694 —

22 décembre 1718. — Contrat de la vente consentie par messire Joseph Charette, chevalier, seigneur du Thiercent à la noble et vénérable communauté de Saint-Clément de Nantes, de plusieurs maisons et héritages sis au village de la *Chaussée*, moyennant la somme de 16.447 livres et à la charge de relever de la juridiction de la *Maillardière*.

Vannes. — Imprimerie LAFOLYE, 2, place des Lices.

www.ingramcontent.com/pod-product-compliance
Lightning Source LLC
LaVergne TN
LVHW050840200726
843507LV00001B/347